黄尚荣 | 主编

Jianshan Zhushi

Duoxiaoqu Gaoxiao Xuesheng Sixiang Zhengzhi Jiaoyu Gongzuo Yanjiu

建善筑实

多校区高校学生思想政治教育工作研究

知识产权出版社
全国百佳图书出版单位

图书在版编目（CIP）数据

建善筑实：多校区高校学生思想政治教育工作研究／黄尚荣主编．—北京：知识产权出版社，2019.1

ISBN 978－7－5130－3785－3

Ⅰ.①建… Ⅱ.①黄… Ⅲ.①高等学校—思想政治教育—研究—中国 Ⅳ.①G641

中国版本图书馆CIP数据核字（2018）第254908号

责任编辑：贺小霞　　**责任校对：**潘凤越
封面设计：刘　伟　　**责任印制：**孙婷婷

建善筑实：多校区高校学生思想政治教育工作研究

黄尚荣　主编

出版发行：知识产权出版社有限责任公司　　**网　　址：**http：//www.ipph.cn
社　　址：北京市海淀区气象路50号院　　**邮　　编：**100081
责编电话：010－82000860转8129　　**责编邮箱：**2006HeXiaoXia@sina.com
发行电话：010－82000860转8101/8102　　**发行传真：**010－82000893/82005070/82000270
印　　刷：北京虎彩文化传播有限公司　　**经　　销：**各大网上书店、新华书店及相关专业书店
开　　本：787mm×1092mm　1/16　　**印　　张：**8.75
版　　次：2019年1月第1版　　**印　　次：**2019年1月第1次印刷
字　　数：100千字　　**定　　价：**48.00元

ISBN 978-7-5130-3785-3

编委会

主　编　黄尚荣

编　委　郝　迈　冯永龙　王秉楠　车晶波
秦立富　刘　猛　裴　晨　章　瑾

前　言

随着我国高校深化改革和布局调整，目前多校区办学已成为我国高校办学的普遍模式。在新时代背景下，大学生思想政治教育工作面临许多新挑战和新问题，相关高校进行了积极的实践探索，积累了一些经验和方法。本书从思想政治教育机制的层面对多校区办学模式下大学生思想政治教育工作面临的问题进行系统梳理，针对加强和改进多校区办学模式下的大学生思想政治教育工作方法进行了具体分析，重点在思想政治教育的运行主体、目的、运行环境、运行控制以及运行保障等方面进行深入研究，整合措施体系，促进机制优化。本书结合地方特色型高校的多校区布局优化方案进行分析，研究成果将进一步促进多校区办学模式下的大学生思想政治教育工作的科学性、系统性和实效性，同时进一步丰富思想政治教育机制创新的具体内容，具有较强实践指导意义。

目　录

第一章　多校区办学的历史、现状与发展

高等院校多校区办学模式是我国高等教育发展与改革的成果，也是高等院校为顺应社会对人才要求不断提高的需求，从而扩大外部办学空间资源的必经之路。多校区办学模式可以提高高校自身办学竞争力，优化资源配置。在国际上，高等院校的多校区办学已经走过了相当长的历史时间，如美国的加州大学、英国的牛津大学、日本的东京大学以及韩国的庆熙大学都是多校区办学的成功案例，众多学者对于中外高校多校区管理也进行了比较深入的研究。虽然国内高校多校区办学与国外高校多校区办学存在着一定差别，但是国外的发展经验值得国内高等教育发展借鉴。当前国内高等院校也已经在多校区办学方面有了较多摸索和实践，并从自身的相关实践

总结了多校区办学的经验，如北京理工大学、北京建筑大学、北京工商大学以及陕西省西安建筑科技大学等高校从多校区办学的教学管理体制、学生管理体制、管理服务体系的建立以及校园文化传承等角度都作了较深入的研究。随着我国高等教育改革的不断深入，高校多校区办学模式已经形成，而总结这一模式背景下形成的办学特色以及经验教训等具有较大的实践指导意义。

第一节　多校区办学形成的历史背景

根据美国学者马丁·特罗的研究，如果以高等教育毛入学率为指标，则可以将高等教育发展历程分为精英阶段、大众阶段和普及阶段三个阶段，他认为当高等教育毛入学率达到15%时，高等教育就进入了大众化阶段。自20世纪90年代以来我国的高等教育事业发展迅速，高等教育的发展阶段也由精英教育逐步转向大众教育。高等院校在校生的急剧扩增，学校原有办学资源和办学管理难以满足相应需求。在此历史背景下，通过国家政策指导和高校自身发展相结合，高校历经了一次合并、重组和扩大办学规模的热潮。《国家中长期教育改革和发展规划（2010—2020年）》中指出：“高等教育大众化水平进一步提高，毛入学率达到40%；……主要劳动年龄人口平均受教育年限从9.5年提高到11.2年，其中受过高等教育的比例达到20%，具有高等教育文化程度的人数比2009年翻一番。”随着高等教育改革和高校扩招，多校区办学成为中国高等教育发展的一种趋势，目前多校区办学已占全体高校的三分之一。多校区办学是指一个具有独立法人地位的高校在两个以上的校区同时办学，其校区可以相互毗邻，也可分处异地[11]。我国多校区办学格局的形成，主要有两方面的原因。其一，随着高等教育的快速发展，各个学校招生规模迅速扩大，许多大学原有校区面积狭小，发展空间受到限制。在这种情况下，为长远发展，一批高等学校如上海交通大学、南京大学、东南大学等纷纷开辟新校区。有些省市如广东省、山东省还专门划定地域设立大学城，让高校集中进驻建立新校区。其二，为了解决高校规模偏小、效率低、条块分割、布局不合理、学科单一等问题，自 1992 年开始，经过了近十年的时间，部分高校进行了新中国成立后的第二次大规模调整。据统计，1992 至 2001 年的十年间，我国高校进行了 275 次院校合并，先后有 612 所高校进行了合并与重组，组建了 250 所新的大学。其中，以 2000 年为最多，共进行了 105 次合并，有 203 所高校经合并重组为 79 所新的大学。在这次并校浪潮中，既有一般单科性或多科性院校，也有一批重点大学。如 1998 年由原浙江大学、杭州大学、浙江农业大学和浙江医科大学等四校合并而成新的浙江大学，2000 年由原吉林大学、吉林工业大学、白求恩医科大学、长春科技大学和长春邮电学院等五校合并而成新的吉林大学等。

按照形成原因和形成方式，多校区大学可以分为三种类型（如图 1－1 所示）：(1) 合并型多校区大学，是指由两个或两个以上具有独立法人资格的高校进行合并，形成多个校区，并在合并后统一法人资格的多校区高校。(2) 扩展型多校区大学，是指由于高校主校区的发展空间有限，而向外扩展并建设一个或几个新校区，新建校区不具有独立法人资格的多校区高校。(3) 混合型多校区大学，是指通过学校合并同时另建新校区形成的多校区高校，是前两种方式的结合体。按先后顺序，又可分为先合并再扩展型和先扩展再合并型。

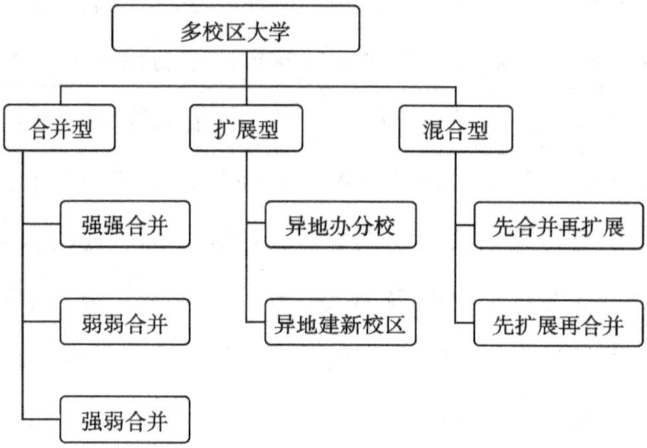

图 1－1　多校区大学类型示意图

目前我国的多校区大学管理大致分为三类模式：第一类是条式模式。将分校区作为下属学院所在地，不设职能机构，统一接受学校管理。学校管理机构统一制定发展规划，安排教学、科研及管理等，负责人、财、物的使用调配，分校区中的各学院作为中间管理机构负责具体实施。第二类是块式模式。学校核心校区作为各校区联系的纽带，只在宏观战略、重大决策等方针政策方面给予指导，并不直接参与分校区教学、科研、学生等方面管理工作，权力和责任下移到各分校区。各分校区中均设有整建制管理机构，相对独立开展工作，拥有一定的办学自主权。第三类是条块结合模式。高校多校区“条块结合管理”型又分为“以条为主、条块结合”管理型和“以块为主、条块结合”管理型两种。“以条为主、条块结合”管理型，例如，东南大学等一批高校采取这种管理模式。东南大学于2000年4月与南京铁道医学院、南京交通高等专科学校、南京地质学校合并成立新东南大学，拥有7个校区，占地面积3500亩。校本部设在四牌楼校区，校机关各职能部门在其他校区派出延伸的管理办公室，各学院分别是一个独立的实体单位，接受学校直接领导。学校分别在浦口校区和丁家桥校区设立校区管理委员会和校区党委作为学校的派出机构，校区管理委员会和校区党委下设校区党政办公室、后勤办公室、保卫办公室负责协调、指导驻区单位（包括各职能部门延伸办公室，所在校区的各院系及直属单位）开展工作。“以块为主、条块结合”管理型，例如，北京大学与北京医科大学合并后，北京医科大学成为北京大学医学部，北京大学副校长兼任医学部领导，原北京医科大学的教务处等机关职能部门和各个学院以及直属单位全部保留并隶属北京大学医学部，接受医学部的直接领导，医学部各职能部门主要负责人兼任北京大学相应职能部门的副职。在北京大学统一规划下，医学部负责实施各学院系科的医学学科建设、人员聘任、招生分配、基建计划等工作。

第二节　多校区办学的特点及存在的问题

一、多校区办学的特点

一般情况下，多校区大学特点可概括为“散、全、大、杂”四个字。“散”，指校区地理空间位置分散，相互距离远；“全”，是学科门类相对齐全；大，指规模偏大；“杂”，周边情况相对复杂，给学校管理带来较大的困难。而过去单一校区形成的“小而全”的管理思想、管理经验和管理模式，已不能适应和满足当前学校建设和发展的需要，急需探索高校多校区办学的管理模式和经验。

从国内外巨型多校区大学办学的经验来看，多校区大学提供了较高质量的教学、科研和公共服务；校区得到扩展，办学条件得到改善，使得更多的学生接受了高等教育，高校实现了规模效益的同时，进一步强化了社会服务能力。多校区办学进一步促进了各校区的专业化、多样性及相互之间的合作，有效保证了教育教学质量。从长远来看，多校区大学既满足了国家和社会发展的需要，又满足了各高校提高竞争力以及知识、学科不断分化与综合的内在需要。

多校区办学存在的问题有：校区分散，教育资源共享效果差，高等学校多校区办学管理体制与运行机制受到极大限制，领导和师资力量分散，影响高校办学质量，同时也影响了大学校园文化、办学理念和育人环境的沿袭与传承。从高校办学的历史经验和合并高校的实践看，解决多校区问题主要聚焦于如何最大化实现资源共享，营造多学科的大学氛围，实现最优化的办学效益。

二、多校区大学与单一校区大学

多校区大学的出现对传统单一校区办学管理模式提出了挑战。

（一）管理机制的变化

校区数量的增加使管理的时空序列发生了变化。扩大的管理机构促使管理运行机制设置、信息流通方式和教职员工的交往方式随之发生变化。不管是合并型多校区大学，还是扩张型多校区大学，或是混合型多校区大学，许多管理问题都是因“多校区”引发的。与传统的单校区大学相比，其管理更加复杂。

（二）组织构成复杂化

多校区大学构成包括校区构成、学科构成、多元文化、学生构成和教师构成等。校区构成包括校区的历史、校区的现状、校区的地理位置、校区的周边环境以及校区之间的关系等；学科构成包括学科布局的广度和深度、学科的渊源和学科的校区布局等；校区文化的多元化表现为校区历史、学科专业文化和教职员工群体文化等；学生构成包括校区学生的教育层次、年级和学科专业结构等；教师构成包括校区教师来源构成、教师学科分布等。多校区大学组织构成的复杂性，将会加大多校区大学管理的难度。

（三）办学规模普遍较大

一般来说，多校区大学跟原来的单校区办学相比，大学的人财物都急骤增加，在校生规模普遍超过万人，年运行经费大幅度提升。规模扩张对多校区大学原有的机构设置及其连接方式、授权方式和信息流通方式等都构成了挑战。

三、多校区大学管理面临的基本问题

由于多校区大学中各校区历史、现状、学科、文化和群体之间复杂的关联性，与传统单一校区比较，建议重点解决以下六个管理方面的战略问题。

（一）校区定位

每个校区都有自身的优势特色、历史渊源、空间分布和周边环境等特点，同时还与大学自身的战略规划紧密联系。校区定位是在大学规划的框架下，确定校区是教学功能还是科研功能，培养研究生还是本科生和专科生，是低年级校区还是高年级校区，与校本部是紧密关系还是松散关系等。在充分发挥整体优势的前提下，如何进行校区定位，如何最大限度发挥各校区的教学科研功能，并产生 $1+1>2$ 的效益，是多校区大学需要不断探索和研究的问题。

（二）校区学科布局

学科布局包括学科布局的广度和深度，包括各校区学科布局和学科融合等问题。如校区的学科布局是按大学学科门类划分还是文理渗透、理工结合，学术组织是按大学学科分类还是按次学科分类，学科间是融合还是分化等。学科性是大学组织的突出特点，分科教学是大学组织赖以存在的基础，多校区大学的学科布局是多校区管理研究的重要问题之一。

（三）校区管理机制

多校区的出现对整个大学的传统管理构成挑战，使原来的管理方式难以适应。分校区之间、分校区与主校区之间的关系难于理清。传统的管理人员大部分都是经验管理或延续以前的静态管理。管理人员普遍缺乏与之相适应的教育管理知识和素养，容易出现知识老化、观念陈旧、缺乏专门职业训练和自主管理能力等问题。除管理人员不适应外，管理制度也不适应。根据组织发展理论，随着组织规模的不断扩大，组织结构会越来越复杂，组织的运行也越来越要求正规化、标准化和制度化。多校区大学的管理制度通常是沿用单校区时期的管理制度。多校区形成后，因办学层次多元化、目标多样化以及近年来高等教育理念不断更新，普遍会出现管理制度难以适应、制度老化、制度建设薄弱的问题。

（四）校区管理效益

多校区大学组织规模大且分散在不同校区。不管从管理层级，还是从管理幅度来看都较为复杂，使现行的校院两级管理难以适应，导致管理成本增加，边际效益难以实现，如增加交通费用、教师补贴、物流费用等。如何最大限度地提高效益、降低成本、进行有效管理成为多校区大学管理的基本问题之一。

（五）校区资源共享机制

多校区大学普遍缺乏资源共享机制。大学内部各校区资源如图书资料、实验设备等重复建设和有限使用既增加了办学成本，又不能提高利用率，且难于满足各校区师生的需求。特别是各校区间各院系图书资料、实验设备没有充分利用和共享，在校区间产生了明显的条块分割现象。

（六）校区文化与思想融合

多校区大学文化是一种多元文化。它包括学科文化的多元、校区文化多元、院校文化多元、教职员工群体文化的多元等。大学文化是一个历史积淀的过程，西北民族大学教育管理论文多次关注了多校区大学中不同文化的融合与冲突。多校区大学文化多元、目标多样和目标模糊使多校区教职员工对组织目标的认同增加了难度。文化育人是大学育人的重要方式，如何促使多校区大学多元文化的统一和具有不同文化背景的成员对多校区大学目标的一致认同，成为多校区大学管理的难点。

第三节　多校区办学发展的主要问题

多校区大学的校区定位、学科布局、文化融合以及管理效益等问题的解决对我国多校区大学当前和今后的发展至关重要。

一、多校区大学校区定位与校区功能

大学校区定位是一种理性思考的结果，是一种价值判断，是多校区大学发展的根本出发点和根本思路。大学定位必须考虑两方面：一是国家和社会建设、区域经济发展对多校区大学的需求；二是多校区大学满足社会需求的程度。任何一所多校区大学必定处在相应的地理区域内，为相应的行业服务，培养相应规格和数量的人才，

以解决本区域内社会和经济发展过程中遇到的相关问题。这是社会对多校区大学的基本要求，是多校区大学存在的根本理由，也是多校区大学必须承担的社会义务。因此，多校区大学校区定位与校区功能需要遵循以下几点：

一是必须依据“校级”定位。在对校区实际现状进行可行性分析论证的基础上，确定校区定位与校区功能。

二是在实际工作中，校区定位既是工作指南，又不能受校区定位的束缚。应根据社会和学校发展前景作相应调整，立足于并超越于现有校区定位。

三是多校区大学校区功能要与学科布局相适应。校区功能按职能划分为教学功能、科研功能和社会服务功能等；按学科门类划分为不同的学院型校区；按年级学生划分为高年级校区和低年级校区。任何单一划分标准都存在难以克服的种种缺陷，需要其他划分标准作为补充。因而，多校区大学校区功能要与学科布局相适应，根据学科生态性特点，遵循相关学科交叉设置、文理渗透、理工结合的原则予以确定。

二、多校区大学学科布局和建设

学科性是大学的主要特征之一。大学作为教书育人的场所、作为探究新知识的场所，以分科的形式开展活动，并使任何一个大学教师都在某个学科领域从事教学和科研工作。任何一个大学的办学水平是基于学科的发展水平和实力。任何一个大学的发展都是基于某一个或几个学科的发展而发展。多校区大学学科布局是学科规划的重要内容，是进行学科建设的前提，是学科建设的指导方向，体现出大学发展的着力点和重心。学科布局包括两个方面，即学科布局的广度和深度。对于多校区大学来说，还应包括学科的校区布局。如何科学地进行学科布局，不仅关系到各校区的学科融合与发展，更重要的是关系到全校学科的综合发展与提升。学科布局和建设需要注意以下几个问题：

（一）遵循现代科学客观发展规律，注重学科之间的交叉与融合

现代科学的发展具有不断分化细化和结合综合的特点，学科之间的生长点往往是学科与学科的结合点。一门学科的发展需要其他学科作为支撑，或是理论基础，或是价值取向；学科之间或互为补充，或交叉融合。把原本就属于一个整体的事物从几个不同视角进行研究，推进学科发展。因此。学科布局一定要考虑相邻、相近和相关学科群的发展，注重学科之间的交叉与融合。

（二）依据社会经济发展的需要，正确对待“冷门”与“热门”学科

国家和社会赋予大学培养人才、科学研究、服务社会、文化传承与创新的责任，这四项职能说到底是为了满足国家和社会的需求，也是大学作为社会子系统与外部交换“能量”所必然存在的，是面向市场办学的必然选择。学科布局建设时应积极发展社会需求旺盛的学科，促进经济发展。对“冷门”与“热门”学科的判断要进行认真的市场调查研究。“冷门”学科并不永远是“冷门”，强势学科

的形成是人才、资金和机遇长期形成的结果，是一个漫长的社会、经济发展过程。因此，在学科重组过程中，可能面对优势学科不“热”的问题，同时注意维持“冷”学科的有生力量，蓄势待发，培育未来的新增长点和结合点。

（三）依据自身的学科优势，不断提升多校区大学核心竞争力

任何一所多校区大学产生于一定的历史时期，成长于一定的环境，既有其优势学科也有其弱势学科。面对未来的教育市场应最大程度挖掘优势学科的潜力，不断提升其学科水平，增强其竞争实力，形成良性循环和科学发展。结合多校区定位和建设，积极主动抢抓学科融合的机遇，通过合并重组，突出重点学科、特色学科。专注发展具有核心竞争力的学科，不断提升学科的发展水平。

（四）加强教师与行政管理人员的团队建设

多校区大学整合师资队伍时，应注重按工作“能力”而不应按“出身”进行整合。正确处理引进人才与培养人才的关系，引培并举，真正做到既能“招来女婿”，也能“留住儿子”。多校区大学通过合并和扩建，在引进人才与培养人才的机制上应做到合理合情，努力探索积极灵活的人才激励制度和约束制度，努力做到“引得来，留得住，干得好”。

三、多校区大学机构设置和管理效益

多校区大学机构设置和管理效益存在着密切的内在联系。机构设置的根本目的是降低办学成本、优化教育资源和提高办学效益。机构设置是多校区大学运行的基本框架，是多校区大学良好运行的基本保障，是实现多校区大学良好运行的基本职能，是优化管理效益的根本措施。一般情况下，多校区大学规模越大，大学机构管理幅度就越大，管理层级也越多。多校区大学目标的多样性与机构的复杂程度成正比。目标的多样性体现在以下三个方面：一是培养人才、科学研究、社会服务、文化传承与创新等大学职能；二是培养人才的规格和数量。培养人才规格的不同以及人才种类和数量的多少直接影响到机构的复杂程度；三是学科布局。如何将多校区大学培养人才、科学研究、服务社会、文化传承与创新等职能科学合理地相互交叉使其地位并重，并取得较好的预期管理效益，是当前多校区大学教育管理者亟待解决的重要问题。随着我国高等教育管理体制改革的不断深入，逐步形成了高校多校区办学的新格局，多校区为高校的发展带来了机遇，但也给学生思想政治教育带来了新的挑战。[3]

四、多校区大学校园文化建设

多校区大学形成后，整个大学的规模扩大，管理层次和幅度发生了重大变化，这是重塑校园文化的机遇期。校园文化本身有着十分丰富的内涵，它不仅体现在各种形式的文体活动和学术报告上，同时亦根植于大学独特的办学传统、校风校貌以及人文历史环境中。多校区大学校园文化建设要体现“创新、协调、绿色、开放、共享”理念。在教学、科研、管理等过程中，时刻体现可持续发展的思想，建设创新校园、美丽绿色校园，使新校区成为创新思想、美丽校园、生态环境良性循环并与校园文化融为一体的良好环境和氛围。

第二章　多校区办学模式下大学生思想政治教育工作的挑战

目前多校区办学已成为了我国高等教育发展的一种重要模式，此模式突破了原有的办学理念和管理机制，为高校的发展带来了更多的机遇。多校区高校新校区的形成拓展了办学空间，弥补了教育资源的不足，增加了高校的竞争优势，同时也给高校管理带来了许多亟须研究和解决的新问题，如新校区管理模式的选择问题、新校区与老校区的文化传承问题、教育资源的配置问题、新校区学生的教育管理问题等。

第一节　多校区办学优劣势概述

一、多校区办学的优势和面临的问题

从高等教育的发展规律来看，多校区办学模式的出现是我国高等教育发展的必然阶段。多校区高校渐进性发展，为我国高等教育的整体布局带来了新的变革，转变了过去单一性的办学格局和培养模式，但同时也给各相关高校提出了新的挑战。

（一）高校多校区办学的优势

高校多校区办学从大的环境来说，有利于高等教育发展和教育体制改革。从高校自身发展来看，多校区办学的优势可以概括为以下三个方面：

1. 有利于深化高校管理制度改革

多校区高校开展教育资源的统一协调和配置、学科专业结构的重新整合与优化以及学校运行管理机制的改革，有利于学校进一步深化管理制度改革，提高管理水平和办学效益。

2. 有利于提高社会声誉和服务能力

多校区办学使得高校内部组织增多，有利于社会关系网络扩大，能更好地提升高校社会资本生产能力。在学术科研和人才培养上与社会有广泛联系，在更广阔的领域服务社会，特别是新校区的建设更加有利于周边地区的发展，从而提高办学效益，提升学校社会声誉和服务社会能力，赢得社会对学校的支持和帮助。

3. 有利于优化学科结构，提高学校综合实力

多校区办学格局使得办学规模和办学实力实现短期内的跨越式发展，有利于高校综合实力提升，有助于促进各类学科的交叉、渗透和融合，有利于发挥各学科的优势，推动学科建设的不断发展，增强学科建设的整体实力，为促进高校建设一流大学和一流学科的发展目标打下坚实基础。

（二）高校多校区办学面临的问题

无论是合并型、扩展型还是混合型多校区高校，由于高校新、老校区间历史、传统、学科、文化的复杂关联性，使多校区高校在管理过程中出现了一系列与传统单一校区高校不同但又亟待解决的问题，主要体现在以下几个方面：

1. 管理模式问题

多校区高校规模发展与多校区高校的管理模式相对滞后的矛盾日益凸显，高校在管理制度、管理水平、管理方法上还有许多需要解决的问题。各高校对于多校区办学的理念和思路、体制和机制的不断探索和实践，高校多校区无论是实行“条”还是“块”的管理模式，都要涉及学校的特色定位以及学校对于权力分配和组织结构的调整。

2. 校园文化问题

高校的校园文化是由一所学校品牌内化而来的，反映出学校的精神风貌、性格特征和育人特色，各高校都在不断凝练、沉淀、发

扬特色校园文化，而高校多校区办学的兴起使校园文化建设面临前所未有的挑战。

多校区高校校园文化的共性问题是如何加强校区之间的文化交流，而多校区高校校区分散的特点又给校区间的交流增加了难度，成为多校区高校校园文化建设面临的主要困境。无论是哪种类型的多校区高校校园文化建设都有其特殊的问题，合并型的多校区高校，由于不同校区业已形成校园文化，因此校园文化的融合、新文化的认同问题是这类高校需要解决的；扩展型的多校区高校，新校区建设都是从零开始，往往会带来校园文化薄弱的问题，因此新老校区的文化传承是这类高校亟须解决的问题。

3. 教育资源问题

高校合并或扩建的初衷是要合理配置教育资源，减少重复建设，提高办学效益。但是由于历史和现实的种种因素，多校区高校的资源利用尚存在不少问题。

多校区高校教育资源的共性问题是如何提高教学设施的使用率的问题。对于合并型多校区高校而言，原各校区都拥有自己完整的基础设施、校舍资源和公共服务资源，这些资源的合并或共享是高校需要解决的问题。对于扩展型多校区高校而言，高校筹资建设新校区，建设成本巨大，校区运行成本提高。因此如何更加有效使用和利用资源是这类高校需要解决的问题。

4. 学科建设问题

高校的改革和发展都必须以学科建设为基础，具体来讲就是学科布局和学科水平。对于合并型多校区高校，原各个校区作为独立运行的院校，其办学层次、学科结构及水平、学科文化都有所不同，如何打破原有的学科专业布局，整合研究方向，重组办学资源是这类高校需要解决的问题。对于扩展型多校区高校，其新校区的学科专业建设和发展往往相对滞后，影响到新校区办学功能的发挥，如何进行新的学科布局，提升学科综合实力是亟须解决的问题。

5. 发展目标问题

一所高校在建设初期就应根据自己的学科特点、教育层次、人才培养等实际情况制定今后的发展目标。缺少了发展目标，一切建设行为都失去了方向，更谈不上建设高水平大学。

高校追求多校区发展，容易贪大求全，使原来的校园不堪重负，其结果往往是教学质量、师资力量、科研水平都得不到提高，严重影响学校的健康发展。合并型多校区高校，各院校在合并前都根据自己的学科专业性质确定了发展目标，如何根据合并高校的具体情况调整这些目标，如何在目标变化后调整不同校区师生的思想认识，是重要而敏感的问题。扩展型多校区高校，校区之间的功能定位，以及学校整体的目标定位问题是需要深入研究的问题。

多校区高校的出现，是我国高校管理界所面临的新情况和新问题，它对我国高校管理所带来的影响是全方位的。它既带给我们发展的机遇，又带给我们管理上的严峻挑战。“校区分散”势必增加管理的成本，从空间距离上增加管理的难度；“情况复杂”影响高校的决策与管理效率；“规模较大”并不一定等于实力增加与效率提升，处理不当就会导致效率低下、矛盾丛生、内耗增加；“学科齐全”也并不一定就会发挥学科的综合优势，学科的互补只能在有效的学科发展战略下实现。总之，多校区高校面临的机遇与挑战并存，需要仔细研究。

通过对高校多校区办学优势和问题的分析有利于更好地发挥相关高校的特色，不断完善问题带来的挑战。探讨与研究多校区高校及其新校区的管理，对于丰富学校教育管理理论方法以及指导多校区高校管理实践都具有重要的理论意义和实践意义。在多校区办学的大背景下，进一步研究多校区办学对大学生思想政治教育工作产生的影响，以及所带来的挑战，将更加有助于做好思政教育的顶层设计和统筹规划，发挥高校育人的优势。新校区的创建在学生教育管理、教学资源配置、校园文化建设、管理模式选择等方面提出了亟待研究的课题，因此本部分主要侧重于研究扩展型多校区办学对大学生思想政治教育的影响，将研究重点放在新校区管理，从学生教育管理、教学资源配置、校园文化建设、管理模式选择四个方面分析问题、研究对策，希望能对高校新校区的大学生思想政治教育有所启示和帮助。

二、高校多校区办学对大学生思想政治教育的促进作用

多校区办学有利于加强高校思想政治教育工作，这主要体现在以下几个方面：

（一）缓解扩招压力，减轻教育负担

多校区的出现，缓解了由于高校扩招带来的原有高校学生容纳过载的问题，学生人数得到合理化安排，大大缓解了学校扩招的压力，一定程度上改善了开展学生思想政治教育工作的条件。

（二）丰富地区文化，促进经济发展

高校新校区“落户”郊区，促进了当地经济发展，丰富了校园周边文化氛围，这就使得学生教育管理工作在新的条件下有了新的改变，促使学生管理工作需要与国情、民情紧密结合，为学生思想政治工作开辟了新的途径和领域。

（三）校地良性互动，拓展教育内容

新校区的学生入驻，将进一步加强与校园周边居民的互动，间接为推动新农村建设或社区建设等做出贡献，加强了学校和周边社区的密切合作，对学生思想政治教育工作提供了新的内容，注入了新的活力。

（四）优化学科门类，提高社会服务能力

多校区高校可以有力发展相关学科专业，使学科布局更为科学合理，也有利于学生知识的创新和多学科、跨学科等领域的研究，同时有利于人才培养和教育教学顶层设计和系统改革推进，从而促进学校服务社会和学生社会实践、创新实践的能力。

多校区对学生思想政治教育工作有较大影响，多个校区之间地域较远、信息传递不畅、管理上存在困难等问题，容易造成效率不高等情况。具体到大学生思想政治教育工作层面，校区的分散、学生人数的增多，使高校学生的学习、生活、实践等方式发生了较大变化，从而使传统的单一校区模式下的学生思想政治教育工作受到冲击和挑战，多校区办学模式下加强和改进学生思想政治教育已成

为一项紧迫的任务。构建多校区大学德育工作模式需要有实践的原型，如北京联合大学德育工作模式一方面注重寻求协同思维、扬弃观点、系统方法的理论支持来开拓思路，另一方面注重坚持整体性、创新性、高效性的实践原则来推进工作，为新时期更加科学、合理、有效地构建多校区大学德育工作模式，实现“育人为本，德育为先”提供了借鉴。[2]

第二节　学生教育管理难度加大

由于多校区出现，加之环境、交通、师资、生源等因素的影响，多校区办学模式下大学生思想政治教育工作存在诸多挑战。多校区办学带来的明显变化是学生分布于多个校区，老师经常在多校区之间往返，对于学校管理、老师的时间成本以及与学生的交流方式都产生较大影响。尤其在教学管理方面，教师花费在路程上的时间成本较高，对教育教学及科研工作影响较大，若处理不好也必然会影响到学校全员育人、全过程育人、全方位育人的质量。

一、师生交流需增强

师生之间的交流和沟通不足的问题更加突出。师生交流是教书育人的有效途径，是学生思想政治教育工作不可或缺的组成部分，更是关系教育成功与否的重要因素之一。相对单校区而言，多校区办学教师要经常往返于两校区之间，老师除了课堂上与学生有接触，而且是以专业课交流为主，课下老师与学生，尤其是与新校区学生的接触较少，对学生的了解相对不足，与学生存在距离感。在北京地区部分高校新校区开展的《多校区办学模式下大学生教育、管理、服务问卷调查》中在与任课教师交流方面，有三分之一的被调查者认为和任课教师在课堂之外缺乏交流。师生交流不足问题影响了全员育人效果。师生交流不足有以下几个因素：

（一）空间因素

新校区一般地处偏僻郊区，离中心城区较远。以北京建筑大学为例，大兴新校区位于南五环外，教师坐校车来回两校区也要一个半小时左右。有的老师家住在北五环外，往返一次大兴校区多则需要四五个小时。因此往返于两校区的时间成本成为教师的负担，任课教师上课来、下课走，并非不想和学生进一步交流，而是客观条件受限。由于校区的分散，在学校采取相应措施之前，教师的时间成本比较高，这直接导致师生沟通交流不足，互动相对少。

（二）环境因素

由于住宿条件有限，新校区一般周边配套设施相对不足，考虑子女上学、生活便利等因素，在新校区住宿的老师有限。新校区有辅导员、安保人员作为思想政治教育工作的常驻人员，但新校区教师相对较少，在发挥专业教师教书育人的重要作用方面，如何形成思想政治教育全员化、全过程、全方位的育人氛围，是多校区高校亟待解决的重要问题。

（三）时间因素

由于各任课教师上课时乘班车来，上完课即乘班车走，在校区办公的时间相对较少，学校各类工作资源相对分散，导致教师难以与学生协调交流。这使学生在接收到有限的知识传承的同时，难以与教师进行多维的思想交流和信息沟通，师生之间在情感、观念等方面明显缺乏交流。这种情感交流的不足，对学生的健康成长和综合素质的全面提高会产生一定的影响。

二、高低年级学生交流应促进

校区的划分，使新老生之间、不同专业的学生之间缺乏必要的沟通和联系，限制了学生之间传、帮、带作用的发挥，阻碍了学科之间的渗透，不利于学生综合能力的培养及今后的成长和发展。高低年级学生之间缺少交流产生的问题：

（一）成功经验的学习方面

高年级学生的成长成才经验传承也是校园文化传承的重要组成部分。在多校区办学模式下，由于空间的分割，不同校区的学生交流存在很大障碍，对于扩张型多校区高校，由于一般均按照年级来划分校区（即低年级在新校区、高年级在老校区），因此这种交流的问题也就直接表现为低年级学生与高年级学生交流的匮乏。这种匮乏对于高年级学生而言影响较小，但对于低年级学生影响较大。

（二）优良学风的传承方面

优良的学风是学校校风的重要内容，表现优秀的高年级学生在低年级学生的成长过程中起到了示范和表率作用，低年级学生在与高年级学生接触中会自觉或不自觉地继承和延续相关学风精神和大学文化。目前有些多校区的学校，高年级学生大都住在老校区，而分校区的同学大部分是低年级学生，由于地域的限制，得不到高年级学长的支持和帮助，低年级学生在学习、生活、工作等方面所遇到的问题可能得不到及时而有针对性的回应和解决。

三、心理健康教育面临的问题

分校区的大学生与其他的群体相比在心理健康状况上有其独特的特点。新校区往往远离城市中心，多校区校园环境呈现明显差异。这种差异既包括校区硬件环境的差异，如生活服务设施设备、教学资源配置调剂、周边社会交通环境、社区服务等，又包括软件环境的差异，如管理执行力、医疗卫生水平、人文氛围等。一般地域偏僻的分校区占地面积较大，教学物质资源较为充裕，学生活动场所较多，但其与城区及其他院校相对隔离，生活便捷性较差，人文氛围也较为封闭，这给校区学生带来心理上的落差并影响其校园认同感，进而表现出两校区“一强一弱”的不平衡特征。[4]

（一）硬件建设投入不足

随着高等教育向大众化转型，高校的学生人数快速增多，对硬件建设加大投入、改善条件的要求愈加迫切。大学生心理健康教育是一项受众面广、专业性强的长期工作，必须要投入足够的场地、资金和设备，建立办公场地、档案室、个体聊天室、团队活动室、音乐治疗室、沙盘模拟室、情绪宣泄室等多种心理健康教育工作载体。对于多校区大学而言，客观上必然要求在各校区要配备心理健康教育硬件设施。许多高校认为多校区均配备同样的硬件设备，存在重复建设现象，因此不愿投入足够的专项经费，导致心理健康教育工作物力资源相对缺乏，制约了心理健康教育工作的开展。

（二）专业人员需求倍增

从整体情况来看，专业人才的相对缺乏，为我国高等学校大学生心理健康教育工作带来了诸多不便，在很大程度上影响了大学生心理健康教育事业的健康、快速发展，专业人员相对缺乏，大学生心理健康教育工作者须同时承担课程教学、心理咨询、活动组织等各方面工作，工作任务重、压力大，工作中存在以“上大课、做讲座”为主的情况，难于与学生面对面个别交流、深度交流、针对性指导，严重制约了教育效果。繁忙的工作任务还让大学生心理健康教育工作者囿于诸多具体事务，影响了其对所从事的工作进行理论研究和实践创新的探索。多校区大学相比较于单一校区大学，需要在每个校区都配备足够的心理健康教育工作者，才能正常开展大学生心理健康教育工作，这对于目前我国心理健康教育专业人才明显不足的现状，显然是个更大的挑战。

（三）资源分配易失均衡

由于学校的定位、发展规划等多种因素的影响，各个校区在大学的地位是不一样的，受到学校的重视程度也不同，导致高校在进行资源配置时会存在失衡的现象和行为。有的大学新规划的校区离主校区较为偏远，处于城市郊区甚至在另一个城市，不仅交通不便利，而且不受主校区的领导和师生重视，导致部分心理健康教育工作者不愿意前往或者不能全身心投入工作。有的学校未来主要发展新校区，便将资源侧重在新校区建设上，逐渐弱化或减少对老校区的投入，忽略了老校区学生对心理健康教育的正常需求。有的学校新校区还处于建设初期，发展规划还在反复论证中，资源配置不到位导致条件跟不上。

（四）教育成本显著增多

对于单一校区而言，大学生心理健康教育需要建立一个功能齐备、设施完善的大学生心理健康咨询服务机构，配备一支有领导、有梯队、有保障、专兼职相结合的大学生心理健康教育工作队伍。相对于多校区大学，无论是场地、设备投入，还是人员队伍的配备和培训，都需要加大支持力度，从而兼顾多校区大学各校区心理健康教育工作的现实需要。此外，在组织开展大学生心理健康教育的各种活动中，多校区大学如果需要协同开展，除了工作任务的重复以外，也会带来成本的相应增加，进一步加大高校心理健康教育经费投入不足与现实需求的矛盾。[3]

四、安全管理问题需强化

新校区一般都距离市中心较远，交通、医疗等条件不完善，周边生活、文化设施缺乏，环境复杂。新入校的低年级学生基本都在新校区，缺乏应有的安全防范意识和应对紧急事件的能力等，新校区安全管理问题相对老校区更加突出。

在对某地方特色型多校区大学的校园安全现状的问卷调查中发现，大学的校园安全的主要问题来源于大学生安全意识的薄弱和校园周边环境的复杂，也包括校园自身管理中的硬件与软件设施的缺乏，主要表现为消防安全、饮食安全、交通安全、财产安全、网络安全等问题。同时通过对大学校园安全状况的评价显示，学生对学校安全状况的总体评价一般，在交通、食品、设施及环境安全上满意程度不高，存在一定的问题。[8]

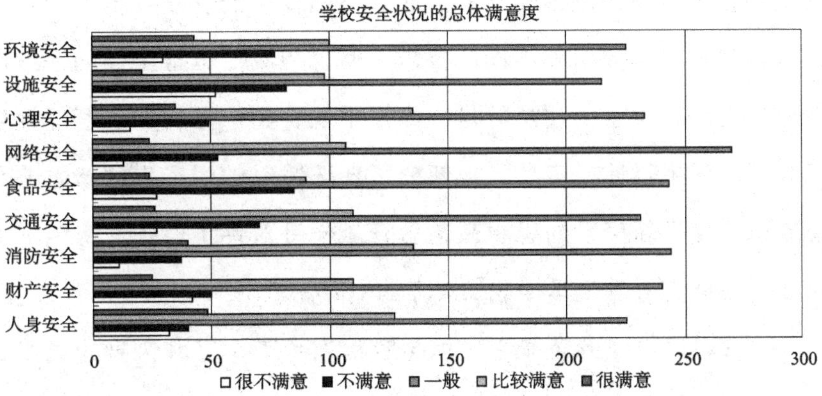

图 2－1　某多校区大学安全状况调查总体评价

表2－1　某多校区大学校园安全的主要问题分析

安全问题	交通安全	财产安全	消防安全	饮食安全	网络安全
选择人数	143	303	143	214	153
百分比	30%	65%	31%	46%	33%
排位	5	1	4	2	3

资料来源：根据相关调查问卷结果统计而成。

五、思想政治教育连续性有待加强

学生随年级递增而在校区间流动，思想政治教育难以保持连续性。在多校区大学中，部分高校是按照专业、学院来划分校区的，但大部分高校是按年级来划分的。学生随着年级递增而在不同校区流动，将使思想政治教育工作的连续性受到一定程度的影响。校区之间的差异使学生思想政治教育工作缺乏一致性，新校区面临思想政治教育传统和特色再确立的问题。不同校区的软硬环境差异对思想政治教育工作提出了不同的要求，使思想政治教育工作的一致性受到冲击。同时需要注意的是，如果用现有和一贯的方式管理教育新校区的学生群体，容易忽视新校区新环境对学生产生的新影响和新要求，使得新校区的思想政治教育工作针对性不够强，特色不够突出，不能充分满足学生成长成才的实际需求。

在多校区办学的背景下，思想政治教育工作有着自身的规律和特点，与单校区大学思想政治教育有明显的不同。多校区大学生思想政治教育体系是一个动态概念，是思想政治教育工作理念、内容、方式方法、工作队伍等相互联系相互制约的因素构成的思想政治工作的整体。空间的扩大，距离的延长，思想工作的运作难度加大，传统的单校区的思想政治教育工作方法显然不能适用多校区的环境，必须建立适应多校区学生思想工作的运作体系，确保思想政治工作的连续性，各部门通力合作，全员参与，主校区与分校区协同发展。

第三节　资源配置需进一步优化

一、提高办学资源在不同时间段的利用率

各校区的资源由于分处各地，很难实现资源共享，要提高各校区资源的利用效率，一是充分利用教学设施的不同时间段，实现教学资源的满负荷使用，克服各校区在教学资源管理上的隶属割据状态，真正实现教学资源的高效利用。如实行三学期制、全天候排课、与社会休息时间错位等措施以提高教学资源的利用效率；二是优化课程体系和教学内容，改革教学手段和方法，实行跨校区选课等手段，提高单位时间内的教学有效率，间接提高教学资源的综合使用效率。

二、合理规划各校区的学生分布

多校区大学生的分布方式主要有两种：按学科专业将学生分配在不同校区的学院型分布和按年级将学生分配在不同校区的功能型分布。一般来说，学院模式适合于学生规模大、学科众多，且各校

区面积差距较大的多校区高校，而功能模式比较适合于各个校区面积相差不大、便于集中和学生轮换的多校区高校。功能型分布有利于根据不同年级学生的特点集中进行实验室、图书资料等硬件设施建设，便于统一管理；但学生缺少与高年级学生的交流，难以形成良好的高校文化氛围。学院型分布虽然可以克服功能型分布中的文化传承、学生搬迁问题，但如果学科分布不合理也会因校区而产生割裂，不利于学科间的交叉融合，也不利于产生交叉型的学科增长点。总体来看，具体采取哪种方式分配学生要考虑不同校区的面积、办学条件、距离远近等因素，通过优化资源的配置结构、调整不同资产的比例，发挥各种资源的协同作用，具体问题具体分析、因地制宜进行决策，使资源利用率得到提高，办学成本得以降低。

三、做好人力资源的协调工作，提高人力资源的利用效率

对于要经常往返于两个校区之间的教职员工，应该采取相应的补助措施，让其居住在工作的校区，这样不仅节省了往返于两校区之间的交通费用和时间成本，而且降低了老师的疲劳程度，使老师有充足的时间备课，还可以充分地和学生进行交流，及时发现学生在学习过程中存在的问题，以便及时给予指导，从而有利于师生的共同发展，充分利用了人力资源。但并不是各校区之间就不要互相往来，学校要安排好交通运输计划，高效地将来往于各校区的老师送到目的地，减少交通时间，降低老师的疲劳程度，从而提高人力资源的利用效率。

四、合理选择多校区研究型大学的管理模式

在中国的高等教育发展史上，多校区型大学尚属于新生事物，到目前还未形成成熟的理论体系，也没有丰富的管理经验。从实际出发，探索多校区大学合理的管理模式，是降低管理成本、实现办学资源优化整合的有效途径。一般多校区高校管理模式有两种，即块状管理模式和条状管理模式。多校区大学要根据自身建设的实际情况，选择适合自身发展的管理模式，以提高教学资源综合利用水平，实现办学资源的合理配置。

五、资源配置的变化对大学生思想政治教育工作的影响

（一）思想政治教育工作队伍水平

提高学校思想政治教育工作队伍的素质，是加强和改进大学生思想政治教育、培养和塑造高素质合格人才的重要环节和必要前提。思想政治教育工作队伍是学校教师队伍和管理队伍的重要组成部分，在学生的成长成才过程中具有教育、指导、塑造、管理和服务等功能，多校区办学模式下，思想政治教育工作队伍容易出现的人员不足、分工不明、经验缺乏、工作衔接不够等问题，直接影响到工作对象接受教育的质量和水平。应注重加强思想政治教育工作队伍的培训交流，整合多校区人员的力量，发挥综合协同效益和作用。

（二）资源配置科学合理性

在资源配置过程中人力和物力资源如不能得到合理配置与高效利用，不但会造成资源的浪费，还影响着思想政治教育工作的效果。一项工作往往在同一性质的机构中重复执行，浪费人力和物力等资源，当出现突发情况时各部门不能及时地协调与沟通，缺乏横向联系和综合协调，使得原本不足的教育资源更加紧张。多校区高校在资源配置上的问题，对学生思想政治教育的效果影响明显。

第四节　校园文化出现新的挑战

校园文化在高校管理中具有强大的育人功能，其内容大致涵盖了校容、校貌、教学内容与管理制度，全校师生的共识及所遵循的价值观念与行为准则，以及由此而产生的一种浓烈持久的精神氛围，主要价值在于以文化人，实现文化涵养人、影响人、发展人、成就人的功能。

扩张型多校区高校的建立，不仅是形式上的管理机构、学科、教学等资源的重新分配和利用，各校区之间校园文化的传承和发展是大学精神的体现，高校的校园文化、自然环境、师生的精神面貌对于身处其中的每一位学生都有着潜移默化的影响。一所名牌高校就是一所文化的神殿，它作为一个具有历史和文化沉淀的育人场所，其物质文化、精神文化、制度文化和行为文化都能使人受到良好的熏陶。高校多校区办学的兴起使校园文化建设面临前所未有的挑战。

一、校园文化资源分配有待优化形成合力

（一）新校区校园文化自身发展难以一蹴而就

校园文化是高校在长期的发展过程中形成的稳定的、内隐的精神实质，并对师生产生渗透、熏陶和潜移默化的影响。校园文化从广义上讲不仅包括以大学的精神、品格、校风、校训等为内核的精神文化，还包括以建筑风格、硬件设施为主的物质文化以及以规章制度、管理架构为基础的制度文化。随着高校规模的扩张，多校区办学模式在促进了高等教育大发展的同时，也出现了很多问题，多校区高校在校园文化建构的过程中面临许多困难和挑战。[5]

1. 新校区校园文化底蕴相对薄弱

由于城市土地资源的短缺和成本的限制，几乎所有高校的新校区都设立在城市的边缘地带。由于这一地缘特点，使得这些分校区难以接受主体城市的文化辐射，甚至还会受到校区周边恶性文化的影响。此外，校园文化的形成具有长期性和延续性，而新校区远离主校区，又没有任何文化积淀，因此，新校区的校园文化基础薄弱，还要对抗不良文化的冲击，新校区校园文化的稳定发展需要一个漫长的过程。

2. 主分校区校园文化出现断层

采用跨区域多校区发展模式的大学新老校区之间的地理距离太远，距离造成了主分校区间沟通的困难，老校区深厚文化积淀由于空间的阻隔很难辐射到分校区，使得分校区在文化深度上往往很难

跟主校区相媲美。此外，不同的地区有不同的文化特色，这也容易形成文化上的分流，造成文化传承上的断层。

3. 校区间沟通交流比较困难

对于跨区域多校区高校而言，由于时空的限制，给学校的教学管理工作带来了很多不便。很多领导要往返于两个校区处理政务，有一些老师要兼顾不同校区的课程，不同校区的学生交流更是稀少。在举办一些大型活动时由于空间的限制只能在不同的时间在不同校区进行，这对于活动的整体性产生了很大的影响。

（二）新老校区文化传承需要一个较长的过程

1. 校园文化资源分配不合理，难以形成合力

在高校多校区的发展过程中，由于空间距离、资金投入、人员调配等方面的原因，通常会造成校园文化资源在各个校区的分配不够合理。首先，新建成的校区大多远离市区，分布在城乡结合部甚至工业园区，难以受到城市文化的滋养，缺少历史文化的厚重感和人文氛围，难以及时吸收先进的文化成果，不免造成文化建设的滞后性。其次，交通相对不便，师生之间没有形成长效的思想交流，难以形成较为深厚的学术文化底蕴。多校区的布局大部分新建校区地理位置较为偏远，有些校区建设进展与教学难以同步；住宿条件、周边生活环境难以达到教职工需求；师生之间的思想交流形成了走马观花、昙花一现的境况，师生之间的思想沟通少，学生缺乏必要的人文关怀。如许多学术报告、体现人文精神的活动举办地放在老校区，新校区学生缺少向专家学习的机会，难以形成良好的学习氛围。多校区办学致使资源难以共享，无法实现优势互补。比如一些

专业器材大型设备往往安置在某个学院或者研究中心，受本学院单独管理，不对外提供公共服务，其他学院很难资源共享。资源的分散及管理混乱造成了文化建设难以形成合力。

2. 校园物质文化基础资源利用率不高，机制有待加强

当前多校区高校的文化管理模式多是以条块集合、垂直管理、扁平管理为主，区域分散导致文化管理分散。管理部门难以及时有效地了解到各个校区的学生特点、校园活动状况，不能做出兼顾各方的管理政策。各校区文化活动形形色色，缺少统一的文化发展方案。随着校区的增加，为了保证学生的正常生活学习需求，高校必须加大基础设施建设力度，餐厅、体育馆、活动中心等项目大多重复建设。原有的文化设施空置，利用率不高，校园资源的重复配置造成配给和维护严重浪费。另外，高校目前的文化管理机制不够健全，尤其是新校区的机制不完善不细化，某些方面还存在空白。行政机构设置较为分散，各部门的自我约束和管理机制不强，管理队伍的资源分配有待加强，部分管理者的水平偏低，统一协调机制建立不完善，教学活动资源利用率偏低，发挥的效用偏弱。

3. 校园文化资源挖掘不足，难以突破创新

老校区在多年的办学过程形成了以校风校训、教风班风、品德品行为核心的精神文化，以校园建筑、教学设施为主的物质文化，积淀了浓厚的人文氛围和文化底蕴。新校区大多使用的时间短，初期的投入主要集中在基础设施建设，文化建设不能同步进行。为了在短时期取得文化建设的成效，许多高校采用完全移植的模式借鉴老校区校园文化建设，缺乏因地制宜、因区而建的针对性政策。另一方面，许多新校区校园文化建设摒弃了原有的大学精神，单纯重

视文化形式的多样性，校史校园精神的教育不到位，又会使校园文化乏味化、趋同化，师生对校园文化的认识不够，新老校区的校园文化建设相融难以达到预期的效果和目标，重新构建属于新校区的校园文化基础不足，间接影响到学校新老校园文化之间的传承。[6]

二、校园文化的挑战对大学生思想政治教育工作的影响

思想政治教育和校园文化建设相互影响，相互制约。良好的校园文化氛围和精神环境的营造必然对个人思想道德水准提出一定的要求。它使生活、学习、工作在校园里的每个个体都有意无意地在思想观念、思维方式、价值取向和行为方式等方面与特定的文化发展趋于一致，从而实现对这些个体的心灵、精神和人格的定位和塑造。只有将二者有机结合起来，才能实现高等教育的根本目标。校园文化对学生的健康成长具有潜移默化的影响，目前多校区办学模式下的实际工作中，思想政治教育与校园文化建设难于相互结合，相互渗透。多数高校在开展这两项工作时会责成不同的部门，各司其职，各管一摊，缺乏沟通与合作，使得各种资源不能高效组合。不同部门重复投入工作成本，造成浪费，多校区办学的资源利用效率的提示更是难以实现，影响思想政治教育的实效性。

第一，内容上相互渗透，避免校区间产生隐性落差。

一般从新校区现状来看，校区的地理和人文环境与老校区存在明显差异，分校区办学初期校区的管理人员少，教师完成规定的课时一般离开课堂去赶校车回市区，以致学生与老师之间缺少联系。课堂上有限时间内学生很难从教师身上得到优秀校园文化的熏陶，

感受不到大学校园文化环境的内涵和底蕴。如此一来，亟须将主校区的校园文化和思想观念同样延伸、渗透到新校区。在每个校区进行校园文化建设和思想政治教育工作同样应该充分体现社会主义文化的基本属性和原则，遵循社会主义大学人才培养的目标和方针。就地取材，在校园文化建设过程中注意理想信念和对大学生进行世界观、人生观和价值观的教育。把思想道德教育作为基础融入其中，培养学生全面发展。

第二，途径上相互补充，以达到事半功倍的效果。

针对分校区办学的特点，校园文化建设和思想政治教育可以同步协同进行。可以将校园文化活动设置成思想政治教育的实践环节，根据两项工作的共同目标创设一些可行的方案。例如，在做校园文化宣传工作时，不必采取以往的新老校区一式两份的原则，可以就地取材创设情境，进行分校区校园文化建设的同时变换新校区思想政治教育的方式方法。在教育学生的实践过程中，充分调动学生的积极性和主动性，让学生更多地参与进来，发挥其特长。我们在走访一些高校时，就发现很多高校利用思想政治教育的实践环节来丰富校区的校园文化。有些高校新校区开设一些艺术类专业，这些专业的学生经常拟定一些主题，制作一些校园系列宣传品（如雕刻、绘画、板报、手工、陶艺等）放置在校园和楼体的不同地方，既美化了校园环境，宣传了专业特色，又通过其内容起到了良好的宣传警示的作用。另外学工部门和辅导员在组织团学活动时还可以建立网络教育阵地，通过这种途径以实现思想政治教育手段的现代化。充分利用网络宣传学校，普及先进科学知识，宣传健康文化，这不但能够提高学生的思想觉悟，也为建立高校积极健康的文化网络创设良好的平台。

第三，目的保持一致性，加强二者相融合，培养学生全面发展。

思想政治教育工作与校园文化建设在具体开展和实施的过程中侧重点不同，但二者在育人的根本目标上是一致的，就是把当代大学生培育成为适应社会发展需要的全面复合型人才。首先，要坚持正确的导向。影响校园文化建设和思想政治教育的因素是多层次的，既有社会环境的影响，也有校园内部的因素。因此，在校园文化建设和思想政治教育中要坚决抵制各种不良思潮的入侵。积极引导学生冷静思考问题，理性接受讯息，自觉地营造高品位、高格调的文化内容和形式。避免青年学生理想信念动摇和行为错位。其次，要增强系统性、规范性。要将校园文化建设和思想政治教育工作纳入学校发展全局战略中去，整体考虑设计规划学校的各项工作。作为教育工作者要杜绝在工作中各行其是，盲目操作。再次，要与时俱进，动态地开展工作。社会在不断发展，我们不能脱离社会、脱离时代，闭门造车。在进行校园文化建设和思想政治教育时要时刻注意观察社会环境和时代发展的需要，及时调整，构建具有时代特点的朝气蓬勃的大学文化氛围。多校区办学模式下的校园文化是具有特殊性的社会文化现象，应该由所有师生共同营造朝气蓬勃、具有深厚文化底蕴和学科专业特色的人文氛围。[7]

第五节　管理模式面临新的选择

管理模式是在管理理念指导下建构起来，由管理方法、管理模型、管理制度、管理工具、管理程序组成的管理行为体系结构，是多校区高校探索发展战略，实现发展目标的重要保证。一所多校区高校的管理模式可以被看作为实现目标而制定的多校区高校组织结构及其相互关系和运行机制。多校区高校的管理模式不能在原单一校区办学体制基础上叠加或翻版，也不能是其他多校区高校管理模式的简单移植，而是一种管理模式的创新。在高等教育大众化进程加快、高校规模扩张、高校功能扩展、高校办学自主权扩大、市场竞争加剧的新形势下，为了提高人才培养能力，提高管理效率，有必要进一步加强高等教育管理模式和方法的研究。

一、国内多校区高校管理模式类型

我国多校区高校的产生主要有三种形式：一是高等院校为满足扩大办学规模需要而开辟新校区；二是高等院校通过合并重组形成一校多区办学模式并在此基础上形成新校区；三是高校本身已经形成扩展型的多校区格局，又与其他院校联合后形成的混合型多校区高校。通过高校合并、扩展新建、异地办学等方式，我国高校多校区办学成为一种较为普遍的现象。与此同时，高校的管理模式也随之发生了较大转变。目前，我国多校区高校的管理模式主要分为以下几种：

（一）块式管理模式

所谓“块”是指校区内部的横向管理，是由校区成立的管理机构实施的本区化管理，亦称分权型管理。各个校区相对独立，具有相对完整的、与校本部配套的管理机构，并拥有较大的自主权，基本上可以独立办学，其管理结构如图 2－2 所示。

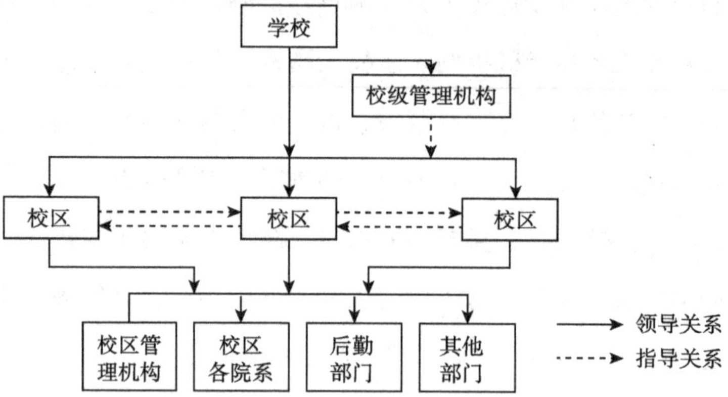

图 2－2　多校区高校块式管理模式

这种管理模式的优点在于每个校区都有自己的功能定位和相对的独立性，有利于学校领导层避免局限于日常行政事务，成为坚强有力的决策机构；有利于增强分校区的活力，调动分校区的积极性和创造性，促进校区间的公平竞争；有利于培养校区管理者的综合管理能力，为学校的发展储备干部；有利于管理重心下移，促进分校区特色办学，形成品牌，出成果，出效益。其缺点在于强化了分校区的权力，造成一定程度的管理权力分散，弱化了学校的统一管理；各校区都设置一套齐备的职能机构，造成机构庞大，建设成本增加；各校区自主管理，考虑问题往往从本校区出发，忽视了学校的整体利益，不利于校区间的协调和学科的交叉融合。

（二）条式管理模式

所谓“条”是指学校对校区的纵向管理，是学校有关职能部门向校区实施的延伸管理，亦称集权型管理。校级管理机构集中在某一校区，其他校区作为其下属学院所在地，学校对校区的管理实际上是原单一校区管理职能的延伸，各校区的教学及其他管理都在校本部的统一安排下进行，职能部门多为校本部相关部门的派驻机构，管理结构如图 2－3 所示。

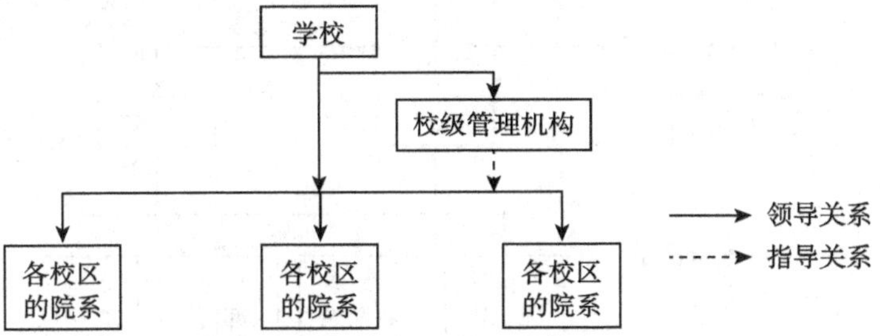

图 2－3　多校区高校条式管理模式

这种管理模式的优点在于实行集权式管理，有利于学校统一领导、统一规划；有利于学校方针政策的直接贯彻落实；促进各校区相互沟通，取长补短；有利于校区间资源共享和学科交叉；能促进多校区高校的实质性合并，以及合并后大学精神文化的融合与发展。其缺点在于管理跨度大、成本大，降低了管理人员的可获得性，使得管理效率降低；缺乏相应的管理机构，管理相对滞后；校区间信息不畅，分校区管理者容易产生低落情绪；校区间协调工作量大，职能部门系统庞大。

（三）条块结合式管理模式

条块结合式管理模式是条式管理和块式管理两种管理模式相结合的混合管理模式，它综合了前两种管理模式的优点，也克服了前两种管理模式的缺陷。在这种管理模式下，多校区高校的部分校区可以根据其功能采用块式管理模式，其他校区则可以采用条式管理模式。其管理结构如图 2 –4 所示。

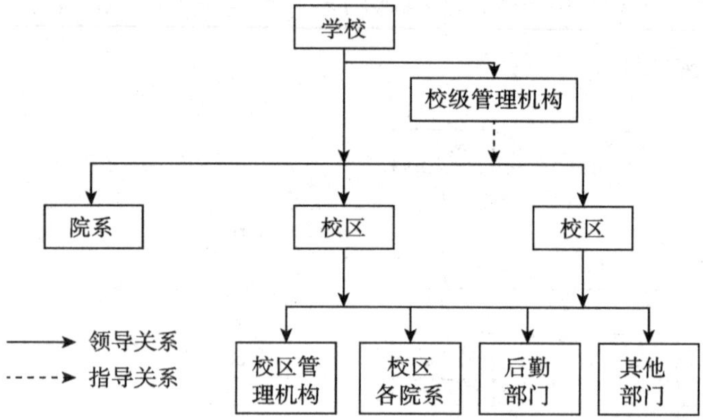

图 2 –4　多校区高校条块结合式管理模式

这种管理模式的优点在于结合了块式模式与条式模式的优点，克服了二者的缺陷；有利于全校的统一管理，也有利于各校区内部管理；既加强了资源的统一配置、统一管理，也提高了各个校区的积极性。其缺点在于因重复建设、交通和通信成本上升等问题导致管理成本增加；分校区管理机构由于缺乏对人、财、物的调控权，与驻区各个单位没有行政隶属关系，协调难度较大，降低了管理效率。

根据“条块结合”管理模式中“条”与“块”的主次关系，又可将其分为“以条为主、条块结合”和“以块为主、条块结合”两种类型。多校区高校存在“条”和“块”的管理模式如何结合的问题，多校区大学的校区管理主要包含校区的教学管理、学生管理、后勤服务、安全保卫等。在多校区办学模式下，学生管理的“条”

和“块”如何结合，是“条块结合，以条为主”还是“条块结合，以块为主”，以及在何种程度上把握和实现“为主”，将直接影响思想政治教育工作的实施。

1.“以条为主、条块结合”的管理模式

“以条为主、条块结合”的管理模式，主要依靠校本部职能部门的职能延伸进行管理。以条为主，可以最大限度地发挥校本部职能部门的作用，有利于全校统一领导和统一规划，大大提高管理的有效性，有利于保持原有学校的办学传统和校园文化，对学校全面协调具有良好的积极作用。具体到学生工作管理模式，即新校区的学生工作在学校的统一领导下将学生工作部门的职能延伸，对学生进行教育管理。这种方式因校区间的距离问题容易造成协调难度较大、管理成本提高、办事效率不高的问题。扩张型的多校区模式一般多采用此种模式。

2.“以块为主、条块结合”的管理模式

“以块为主，条块结合”的管理模式，主要依靠校区管理部门进行管理，形成校区相对独立的管理系统。采用以块为主的管理模式，校区各学院享有很大的自主权，有利于学科特色的发挥，避免了多头管理、管理跨度小的问题；有利于增强校区工作的活力，便于校区内各学科交叉融合和形成良好的学术氛围、校园文化气氛。具体到学生工作管理方面，将大学生思想政教育工作重心转移到各个校区，把各个校区作为管理的基本单位。这种方式的优点在于从事学生工作的人力充足，组织机构完整，管理人员在新校区，实行坐班制，满足了学生工作时效性和应急性的要求。但由于存在一定程度的权力分散，可能造成新、老校区的管理脱节和教学资源的浪费，不利于充分发挥校本部职能部门的作用，对原有校风、学风的保持和发扬构成体制上的障碍。合并型的多校区模式一般多采取此种模式。

二、新校区功能定位与管理模式的选择

作为高校新校区，无论采取哪一种管理模式，其目的是为了在功能定位和任务、目标确定之后，通过有效的管理，增强其自身的发展动力，实现校区的规划目标，从而增强学校的整体实力。确定新校区的管理模式，一方面是为了保障校区的办学秩序，另一方面是解决校区发展的动力问题。新校区只有根据自己的实际情况和办学特点，选择采用适合自身发展的组织管理模式，才能达到预期的管理效果。

（一）新校区功能定位的模式

新校区功能定位，就是对新校区的办学性质、用途或功用、发展目标进行科学的规划和定位。多校区高校在确定新校区管理模式前，必须先根据学校的总体定位、发展规划和战略目标对新校区的功能进行细致具体的定位规划。有的是按学科专业划分，即每个校区以专业办学为主，具有完整的年级梯次，但专业数量有限，这类校区有利于专业梯队的连续性，但不利于营造多校区交叉学风氛围。有的是按学生年级划分，即将低年级和高年级学生分校区管理，新生校区为基础教育阶段，高年级所在校区作为专业教学阶段，这类学校有利于整合学校教学资源，但缺乏校园文化的延续性，存在学

校历史办学理念和大学精神文化对学生的影响不深的问题。以上两种方法是比较常见的划分方法，除此以外还有按人数划分和按校区所处地段设施、特点划分的情况，即每个校区根据校区容纳学生的能力或校区位置，进行匹配设置，有利于校区的综合管理和有效使用，但缺少合理的统筹安排。目前高校新校区功能定位有以下三种模式：

1. 职能模式

该模式是指对各个新校区赋予特定的工作职能，以此来区别不同的校区，如一年级校区、本科生校区、研究生校区、继续教育校区、独立学院校区、产业开发校区、合作办学校区等。其特点是各新校区因办学功能和条件的差异导致所承担的任务有所区别。各新校区的职责明确，任务明确。

该模式的优点在于同一校区集中了同一层次但不同专业的学生，有利于在全校范围内实现学科之间的交叉渗透和互补；学生从入学到毕业必须在两个或两个以上校区间迁移，师生对大学的整体认识得以深化，“同一个大学”的观念得以强化；就单个新校区而言，其职能相对单一，易于强化自身的行政管理。其不足之处在于学校总体职能分散，导致办学成本的增加；不同年级学生分散在不同校区，低年级学生得不到高年级学生的指导和帮助，不利于学生全面发展；一所高校涉及的学生管理、教学管理、人才培养等各项工作被分割在多个校区，影响到学校的完整性，也不利于学科及专业建设。

2. 学院模式

该模式是指新校区由一个或多个以学科门类为基础建立的办学层次相对完整的二级学院组成。其特点是，各新校区作为学校的一个子系统，在学科建设和人才培养等方面都相对独立、完整。各校区之间存在一区一院和一区多院的区别，并通过形成各自的学科特色和办学水平来增强学校的整体实力。

该模式的优点在于校区的每个学院的各类教育资源和教育对象相对集中，保证了学院的完整性，节约了办学成本；学院的办学积极性得到充分的调动和发挥，有利于学院的学科、专业建设。其不足之处在于不利于各校区之间学科的交叉、渗透和互补。

3. 综合模式

该模式是职能模式和学院模式的综合，即对同一个新校区既赋予其若干个工作职能，同时又在校区内建立一个或若干个办学层次相对完整的学院。

作为前两种模式的综合，采用综合模式对新校区进行功能定位，可以最大限度地发挥职能模式和学院模式的优势，同时又可最大限度地减少上述两种模式带来的不利影响。

（二）根据新校区的功能定位选择管理模式

1. 不同的功能定位适用的管理模式

功能定位与管理模式是新校区建设与发展过程中的两个方面。功能定位确定的是校区的性质、功能和发展目标；管理模式确定的是如何通过科学合理的管理方式、方法和手段，去实现功能定位既定的功能规划和发展目标。不同的管理模式与不同的功能定位模式之间存在着适用性问题。

采取块式管理模式，有利于发挥该校区的自主性，使自身形成发展动力。各学院可以根据各自学科的具体情况和发展方面办出各自特色，为学校整体发展服务，有利于学校管理重心下移，从而提高学校的管理效率和办学效益，增强发展后劲。因此，该模式适用于以“学院模式”进行功能定位且与主校区距离相对较远的校区。

采取条式管理模式，各校区发展的动力集中在学校最高管理层。有利于学校最高管理层统揽全局、统筹兼顾、统一配置各校区的资源，有利于各校区的深度融合和协调发展。因此，它对以“职能模式”或“综合模式”进行定位的校区更加适用。

采取条块结合管理模式，其真正的目标在于，既要有利于学校的统一管理，又要有利于校区工作主动性和积极性的发挥。其对于各类模式定位的校区均适用。

2. 选择新校区管理模式应注意的其他问题

（1）充分理解并有效实施“条”与“块”的管理。

所谓条，是指包括校教务处、学生处、保卫处、后勤处等职能部门在内，将其工作范围、职能、职责延伸到新校区的职能部门。所谓块，是指学校在新校区专门成立相应的管理协调机构，一般称为“管理委员会”，或被称为“综合办公室”。

新校区基于其功能定位选择最为适合的管理模式，需要经过具体细致的分析。在实际管理工作中要注意明确校、区两级职责，条与块、纵与横在校区管理中的有机结合，否则可能因责权不清导致某些管理环节脱节或失控，从而降低管理效率，影响校区和学校发展。

（2）同一校区的不同工作采取不同的管理模式。

与原有校风、学风的保持和发扬关系密切的工作，应实行条块结合、以条为主的管理模式，如教学、科研和学生工作等。与原有校风、学风的保持和发扬关系不甚密切的工作，应实行条块结合、以块为主的管理模式，如后勤保障和安全保卫工作等。

（3）制定新校区管理方案和确定新校区管理模式的矛盾。

从办学传统和文化传承的角度，在新校区的管理方案设计上应充分考虑到新老校区的文化传承和育人氛围的营造，从制度层面为减少和弱化不利因素的影响创造条件。对新校区的管理更强调与老校区的融合、老校区对新校区的影响和渗透，从客观上要求新校区要更多地结合老校区的资源加强综合管理。

从降低办学成本、提高管理效益的角度，在新校区的管理方案设计上应充分考虑不同管理模式的成本差异，充分考虑新的校区、新的环境，为建立新的管理体制和运行机制创造有利条件，为降低办学成本、提高管理效力和效益提供制度和政策保障。这从客观上要求必须减少管理层次，缩短管理路径，要求新校区要更多独立于老校区进行管理。

二者之间的矛盾要求校区管理者统筹考虑“文化融合”与“效益保障”，在传承老校区办学理念和大学精神的基础上，充分利用现代化信息手段，创新工作机制，最大限度地实现二者的协调统一。

（4）以新建校区为契机，推进教育体制改革。

近年来，高校通过改革实践，已经探索出一些成功的经验，明确了相关思路、原则和目标，为新校区创新发展创造条件，提供指导。新校区作为新生事物，没有原有体制的束缚，可以完全从高校办学规律、行业导向、学校发展大局和师生切身利益等方面综合考虑并从根本上全面推行改革。可以说，新校区是学校进行校内管理改革的理想试验场，一些在老校区没有实现的改革目标可以尝试在新校区实践。在新校区实行改革和创新可以进一步推进老校区改革的纵深发展，也能为学校整体改革积累新的经验，选树典型示范。

三、多校区管理模式对大学生思想政治教育工作的影响

单一校区高校学生管理一般来说管理部门明确，管理人员责任明确，工作方式经过相当长一段时间磨合和调整，对各高校的学生管理具有较好的适用性，同时形成了一种管理特色加以传承，在学生管理工作模式和组织结构上也与多校区高校有不同之处。

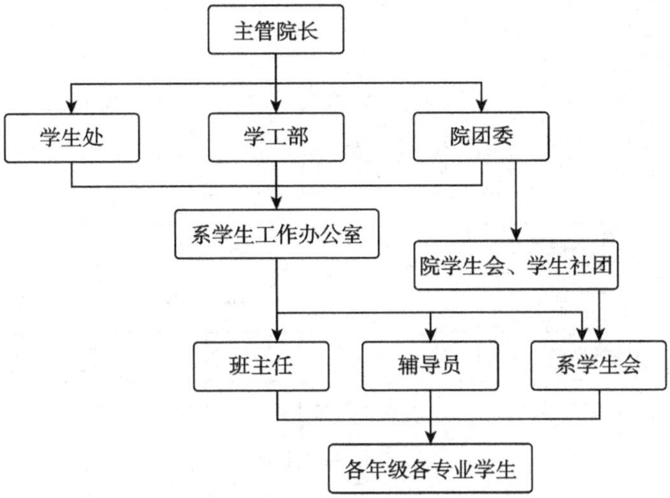

图 2-5　高校学生管理模式 I

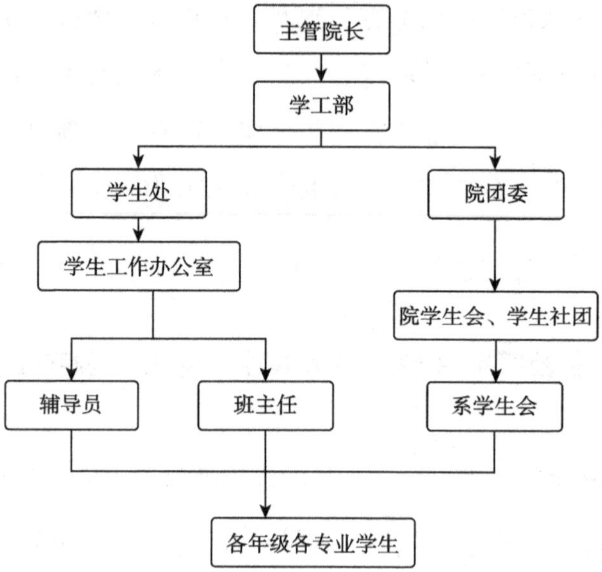

图 2－6　高校学生管理Ⅱ

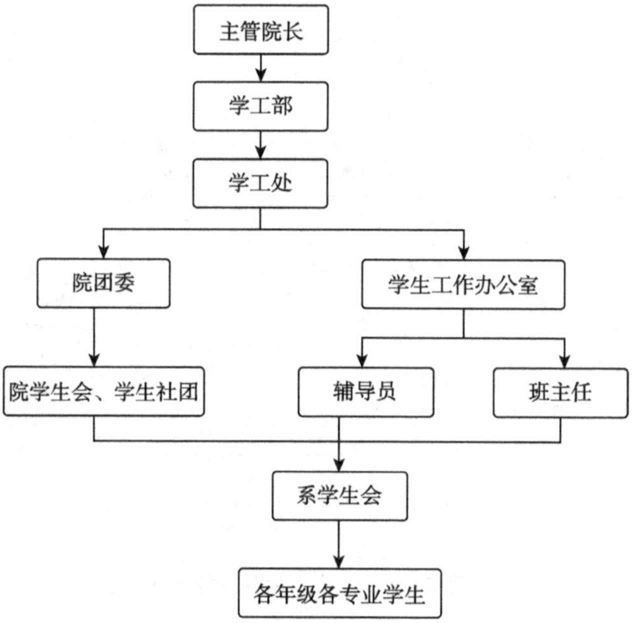

图 2－7　高校学生管理Ⅲ

对合并式高校而言，由单校区变为多校区时，每个校区基本都是一所相对独立的学校，每一所学校都具有自己独特鲜明的传统和特点，在学生管理方面也是如此。合并后，除地理位置的分离外，有相关统一的要求，学生管理工作亦是如此。我们需要集中原来各个学校学生管理方面的长处和特色，进行顶层设计，强化优势互补，从而构建并力促形成比单一校区更具活力的学生管理体系。

多校区大学是我国高等教育发展过程中的新产物，在建立合理有效的管理体制之前，一般先将原有传统单校区的管理体制机制加以延伸，学生教育管理体制亦如此。由于学生教育管理工作对象具有现实性、多变性、突发性等特性，使得学生教育管理体制必须及时适应校区多、散、远，学生分布广等特点。新校区大多建立在离市区较远的市郊，缺乏办学历史积淀和底蕴，新校区学生教育管理不宜完全沿用老校区的管理体制和机制。

在实际工作中，多校区高校学生管理工作模式不完善的情况表现为：部分多校区高校总部的学生工作管理机构管理权限集中，各个分校区学生管理机构没有决策权，甚至缺乏相对独立的执行权，总部的学生工作管理机构管得过细、过杂，不但要求负责全校大政方针，同时忙于琐事，这种情况下，往往出现总部学生工作管理机构过于强化，校区学生管理机构过于削弱；部分多校区高校总部学生工作管理机构管理权限下放，只负责全校学生管理工作方面的大政方针，各个分校区学生管理机构有相对的决策权和相对独立的执行权，全面负责相关工作，总部的学生工作管理机构过于削弱，校区学生管理机构的过于强大，易出现统筹力度不够方面的问题。

从单校区到多校区的转变，使得思想政治教育的管理模式也发生了变化。

（一）思想教育管理工作难度较大

多校区学生思想政治教育的管理难度加大，首先是师生交流不足的问题突出，其次是由于地域的限制，新老学生交流不够，另外校区之间来往不便，开展有影响力的思想教育活动难度也较大。

（二）解决学生的实际问题困难较大

多校区带来的管理资源的分散，在解决学生的生活适应性问题、学风问题、恋爱问题和择业等问题方面存在较大困难，

（三）思想政治教育方式方法需要创新

在多校区办学过程中，立德树人工作要引导学生树立正确的世界观、价值观、人生观，要创新思想政治教育方式方法，提高学生的社会适应能力、实践能力和创新能力，来满足国家社会发展和学生成长成才的需要。

第三章　国外多校区高校学生工作的借鉴

第一节　国外高校多校区基本情况

一、美国

多校区大学对美国的高等教育系统产生了深刻的影响，也发挥了重要的作用。美国多校区大学的蓬勃发展是在第二次世界大战后，由于战时需要征用大量士兵，他们退役后的出路问题就显得尤为重要。当时出台了《退伍军人权利法案》，大量的退役军人走进大学，大学的招生规模逐渐扩大，大学校区逐渐增多。加之东西方两大利益集团对抗，苏联发射了第一颗人造卫星，在冷战思维驱使下，美国需要自己的大学做更多的科学研究工作，为国家培养大量科技人才，因此美国加大了对大学的人力、物力投入。第二次世界大战前，美国只有10%的人上大学，但是战后增加到51%。多校区大学特别是公立多校区大学迅猛发展。到1971年时在多校区大学或学院学习的学生占所有大学生的40%，1997年美国70%的本科毕业生从这类大学获得学士学位。例如加利福尼亚州立大学共有23个分校，休斯敦大学有4个分校，可以说多校区大学已经成为美国公立高等教育中显著的组织形式。

由于美国高等教育没有强有力的统一管理机构，加之各个州在经济发展、人口、地理位置等方面差异较大，多校区大学在形式和结构上多不相同。目前，美国多校区大学主要有四种类型。一是有专门的综合管理董事会的多校区大学。这种大学为了更好地分配教育资源，确定各大学的任务和使命，成立了权力较大的综合管理董事会来管理多校区。二是有独立的协调委员会的多校区大学。协调委员会由一些非专业人员或一些依职权办事的州行政官员组成，通过预算的建议权和学术计划的批准授权来协调各校区间的关系。三是有地区性的校外人士指导委员会的多校区大学。这种校外人士指导委员会享有有限权力，他们可以推荐校长候选人，指定校产或物质规划等，这种校外指导委员会有时会与多校区的管理董事会在权限方面存在冲突。四是自主权较大的多校区大学。有些多校区大学的多个校区在财政、人事、规划、专业建设等方面有较大的自主权。州政府、管理董事会和多校区系统办公室对各分校区的管理权限较小。美国多校区大学在长期的发展过程中形成了有代表性的几种模式：实行分层模式（segmented approach）的加利福尼亚模式，市区多校区大学的代表——休斯敦大学；社区学院的代表——迈阿密达德学院（Miami – Dade）、玛利科珀（Maricopa）社区学院学区。

例如：美国康奈尔大学是一个校园面积由原来的 200 英亩扩大到 1465 英亩的多校区大学，它的校区包括伊萨卡校园、纽约市区校园和散布在全州各地的农业和生命科学教学与研究用地。康奈尔大学的最高决策机构是董事会，董事会由 40 多人组成。此外，还有一个由董事会推荐的、由 400 多位著名教授及社会知名人士组成的议事会，帮助学校制定各种重大的中长期发展规划，或对学校管理涉及的其他事宜提供咨询。除校长是大学的最高行政负责人，另外，还有 16 位校级行政官员，分管教学、科研、规划、财务、法律、投资、大学关系、校园事务、信息技术、学术方案、公共事务等。

康奈尔大学从一开始就兼具公立和私立双重性质，在体制上具有“公私合营”“一校两制”的特点，在康奈尔大学的 13 所学院中，有 4 所是由州政府资助建立的，其风格和运转方式就像一般的州立大学，学费也比一般私立学校低廉，因为受纽约州政府管辖，在录取学生方面还得照顾纽约州的居民和学生，康奈尔大学的另外 9 所学院则是靠私人捐助建立的，所以康乃尔大学很好地融合了公立与私立学院的优点。

二、法国

法国高等教育的代表是巴黎大学，巴黎大学被称为“传播法兰西精神最活跃的发源地”。它不仅是欧洲大学之母，数百年声名显赫的历史更使其成为法兰西民族的荣耀。中世纪的欧洲，教会在教育中起到很大的作用，遍布欧洲大陆各地的修道院，其实就在执行着学校教育的功能。巴黎大学的前身初创于9世纪末期，最初也是附属于巴黎圣母院的一个教会机构。

1180年，法皇路易七世正式颁布其“大学”称号，其与意大利波隆纳大学并称世界上最古老的大学。1789年法国大革命爆发，拿破仑将其改名为“帝国大学”，设立了中央集权式掌管法国大学教育的机构，这种状况影响了高等学校的活力，使之难以主动地适应社会需求，巴黎大学名存实亡，直到百年之后的第三共和时期才又重新组合、恢复。1968年，巴黎大学学生因反对传统灌输式教学，希望争取更多的学术自由及校园民主进行暴动，目的是改革教育体制、观念和思想，使教育面向社会，面向经济，面向就业。其结果是法国政府取消了一个学区只能设一所大学的限制，将旧大学以大化小，原巴黎大学按所在行政区域的不同，把地缘相近、教学理念一致、课程容易搭配的归并在一起，分为13所。新生的13所大学根据同年《高等教育方向指导法》提出了“自治”“民主参与”和“多科性结构”的原则，在行政、财政、教学方面实行自治，师生员工代表参与学校管理，其间没有隶属关系。现在的巴黎大学是13所大学的联合体。

三、英国

英国的多校区大学自1836年伦敦大学建校时起就具有英国特色。古典的牛津大学、剑桥大学模式是以学院式组建的，多个学院在大学名目下独立运行。代表英国新大学模式的伦敦大学，则把由各学院本身的管理机构所管理的23个学院、由大学通过管理委员会所管理的12个研究所、由大学承认的5所教师院校接受为伦敦大学的附属校园，校园间的地理距离有远有近，最远的是设在法国巴黎的巴黎不列颠研究所。

四、日本

日本高校多校区现象主要形成于二战后高等教育复兴和改革中。由于历史上日本大学都以建立具有单一学科意义的学部为开端，学校间的合并也就是学部的增加，大学学科综合化的过程可看作代表多个学科多个学部的叠加，如此形成了以“学科割据”为特色、地理位置上一般相距不太远的多校区大学。例如，东京大学是1877年日本建立的第一所国立大学，也是一所世界著名大学。东京大学由3个校区组成，学校的绝大部分机构设在东京都内文京区本乡，另一个校区在目黑区驹场，主要为教学部及部分后勤设施所在地，此外，还有位于六本木的生产技术研究所。本乡校区是学校的研究生教学、本科高年级教学和科学研究的主要基地，理、工、医、农、文、经等学院和附属医院基本上集中在这一校区。这里学科布局齐全，文理渗透、理工结合、工商共生的学科生态环境为学科之间的交叉互补与融合创造了有利的条件。驹场校区基础教学部则以基础教学为主要特色，承担低、中年级本科生的基础课教学任务，低、中年级学生集中授课，学校建立了综合性的学科教学体系，提供了统一的教学环境，为保证高质量的基础教学水平提供了较为有利的条件。进入高年级后，学生即转入本乡校区本部，直接进入各研究所室从事科研实践。六本木校区是以应用型科研为主的校区，具有较为独特的办学模式和科研体制，这里的教授基本不承担或极少承担教学任务，而是以重大项目和科研课题为纽带组成相应的课题组，在进行科研的同时承担研究生的培养任务，东京大学的 3 个校区定位各具特色，相互之间又具有互补性，在学校的统一管理下有序运行。

五、韩国

韩国高校多校区（分校）现象，以“一元投资、分区管理”型为代表。例如，以韩国的庆熙大学校（韩国的“大学校”相当于我国的“大学”，“大学”则相当于我国大学中的“学院”）为例，该校创建于 1949 年，是韩国的著名高等学府，它拥有 3 个校区及 20 多个系科分布在韩国的汉城、水原和光陵三座城市。其中汉城校区是老校区，也是庆熙大学的校本部，设有文理大学、法律大学、政经大学、师范大学、家庭大学、牙科大学等学院；水原校区是新建的校区，设有外语大学、社会科学大学、自然科学大学、工科大学、产业大学、体育科学大学等学院；光陵校区是研究生院、三个校区是一个整体，由董事会统一投资建设，总长（校长）负责全校工作，另有三位副总长（副校长）分别负责汉城校区、水原校区和光陵校区的工作。

六、印度

印度的多校区办学历史可以追溯到19世纪。曾有马德拉斯、加尔各答、孟买3所大学“统辖”全印度几千所附属学院的历史。到20世纪80年代，印度已经有85%以上的大学生都进入多校区大学学习，到20世纪90年代，约7000所印度学院分属100多所多校区大学，同一大学的附属校园在地理分布上有相当大的差异。以印度理工学院为例，印度理工学院共设有7所校区，分别是：德里（Delhi）理工学院、坎普尔（Kanpur）理工学院、卡哈拉格普尔（Kharagpur）理工学院、马德拉斯（Madras）印度理工学院、孟买（Mumbai）理工学院、瓜哈提（Guwahati）理工学院和卢克里（Roorkee）理工学院。为了改变印度从殖民地独立出来的贫穷落后面貌，印度着手发展本国高等技术教育。1951年8月，在联合国教科文组织的帮助下，印度在印度东部西孟加拉邦的卡拉格普尔创建第一所印度理工学院。此后，在国际组织和其他国家帮助下，印度相继在坎普尔、德里、孟买、马德拉斯等地建立了几所理工学院的分校。印度理工学院独特的办学模式为印度IT的发展做出了巨大的贡献，也促进了印度的崛起。

第二节　国外多校区大学管理模式

因发展历史和体制机制等原因，国外大学在多校区大学管理模式的探索和实践中采取不同的方式，也取得了较为丰富的经验和成果，学习和借鉴这些成果和经验有助于指导相关实践工作。

一、美国大学系统

以美国公立多校区大学管理为例，为了满足公民的迫切需要，各州大力发展公立高等教育。发展公立高等教育的途径主要有两种。第一种途径是利用原来已经建立起来的州立大学基础，在各地开设新的分校，使得当地的公民能够就近方便就学。第二种途径是新建立一批新的州立大学。随着独立的多所州立大学的不断建立，大学数量快速地增加，由州政府教育部门管理各所大学变得愈加困难。为此，州政府为了方便行政管理，提高高等教育的管理效率和效益，就把新建立的公立大学组成一个系统，由系统办公室来协调各所州立大学之间的关系以及与州政府之间的关系。其多校区大学形成是一个高等教育扩张和自然发展过程，而不是把已经建立的独立设置的大学进行合并组建成为一所统一的、集中管理的大学的过程。在此基础上，开始有“大学系统”（university system）的概念，而不是套用原有大学的概念。对于美国大学系统来说，各个分校作为一个相对独立的办学实体，在社会上有自己的声誉，并在高等学校分类统计中被单独统计，但政府在拨款中只对一个大学系统进行统一拨款，大学校长办公室及其附属部门负责大学系统的总预算和公共关系等公共事务，同时协调大学系统的根本政策，而各分校形成各自的办学特色。美国的大学系统只是一个政策协调者、公共事务提供者以及政府与各个分校之间的代理者。系统是政府不当干预和各分校过度自我的缓冲器，在对外关系上，是多个声音组成的一个合唱队。美国多校区大学系统实际上是众多分校的组合体。美国多校区大学系统的管理思路是“集中决策，分权实施”，也就是说，各分校区统一于大学系统的领导，但仍保持着一定的独立性和办学特色。

多校区大学系统在美国公立高等教育中是一种较为典型的主流组织形式，作为一个管理多个大学的行政单位，其工作的重点主要放在整个系统层面，负责制定整体发展规划和广泛适合于各个校区的政策，并保证规划和政策的有效实施；对大学的学术、科研方向和质量进行必要的监督，并积极鼓励大学系统中各个大学之间的合作；为了提高效益和减少重复，提供一些为各个大学无法独立完成的或具有共同利益的服务等，但大学系统对各个大学的内部事务不予干涉，每个大学都具有较强的独立性，其行政、资金、学术等不会受到大学系统的控制，大学系统中各大学的校长也由各大学自己推荐产生，由大学系统的董事会进行任命和监督。如加州大学、密苏里大学等。美国加州大学是有 9 个校区的大学系统，包括伯克利、洛杉矶、圣迭戈和旧金山等分校，它们实际上是 9 个分校的大学联合体，实行的是分层管理体制，各分校各自独立，没有隶属关系，在学科设置上都具有多科性的特点，只是各分校根据自己的办学特点和客观条件有所侧重。大学整体的管理称为第一级管理层次，向上对州议会与州政府负责，向下对9个分校施行统一管理，实际行政职权属于大学校长（president），由大学校长指定副校长（vice president）人选，并分别组成各自的办公室，行使日常行政职能。分校这一层次的管理称为第二级管理层次，在这一层次上，管理事务更为具体，直接关系到教学安排和学生培养以及科研活动。加州大学系统在管理模式上的最大特点是采取了联邦分权制，这种结构特别适用于巨型大学组织，如加州大学的组织机构包括总校（评议会或董事会）、分校（校长、校务委员会等）、学院和系所四层架构，大学决策层采用委员会制度，且委员会成员组成多元化，包括职务成员、指定成员、学生代表、教师代表等，运用“集中决策，分权管理”的管理方式，既有利于保障战略决策的科学性，又有利于调动下属各单位的积极性。

二、以日本多校区大学为代表的功能定位型

日本多校区大学主要是以教学科研等具体功能分布为原则，由不同校区承担不同的教学科研任务，达到功能上的有机整合，目前我国多校区大学大多采取这样的方式。以东京大学（University of Tokyo）为例，它是日本第一所国立大学，由六本、驹场、本乡三个校区组成。其中，六本校区主要负责重大科研项目，是东京大学的“科研校区”，具有独特的科研体系和办学模式；驹场校区则主要承担中低年级本科生的教学任务，是东京大学的“基础教学校区”；本乡校区则是培养高水平科研人才的主要基地，负责承担高年级本科

生和所有研究生的教学任务。这三个校区特色明显，运行有序，东京大学负责对三个校区进行统一管理。

三、以韩国大学为代表的分区管理型

韩国部分多校区大学由于其投资属性、管理实行、办学要求等不同，更多借鉴了社会组织和公司的管理体制与方式，以相对明确的组织架构和业务指导关系为基础，实行分区管理的方式进行经营。如始建于1949年的韩国庆熙大学（Kyung Hee University），是一所综合性私立大学，是韩国最著名的高等学府之一。庆熙大学由三个校区组成，分别是首尔校区（老校区）、水原校区和光陵校区。其中，首尔校区作为校本部，开设有法学、经济学、音乐、医学等专业；水原校区设立于1979年，开设有语言学、工程学等专业：光陵校区则是庆熙大学的研究生院。学校由校董事会统一投资建设，全校工作由总长（校长）负责，三个校区的工作分别由三位副总长（副校长）负责。

四、与美国大学系统相连接的联邦分权型

在美国实行多校区大学系统之外，则多采取联邦分权型，这种管理方式是大学系统的必然结果，更是大学系统在管理体制上的具体体现，在这种模式中，大学的各个校区对外都是相对独立的办学实体，并以独立身份进行高校分类统计，比如休斯敦大学（University of Houston）现有主校、科利尔湖以及维多利亚等校区。

各个校区都相对独立运行，都有各自的管理班子，甚至校徽也不同。根据美国“多校区大学系统”的管理模式，被统计在册的休斯敦大学并不是这四所校园的统称，而仅仅是指休斯敦大学主校区，另外三个校区在大学分类统计中也分别占有一个名额。但是在拨款方面，政府则将这四所校园作为一个“大学系统”进行一次性统一划拨，而学校的校办及相关职能部门则负责协调大学系统的基本政策、总预算和公共事务，即在对外关系上，大学系统是一个整体。

五、以法国大学为代表的财政自主型

在法国，部分高校各校区实行财政自主型管理模式，以法国巴黎大学为例，大学各校区学院实行财政自理，管理上以块为主。各学院也有管学生的校领导，他们主要负责管理学生的活动、心理建设等，学校领导在各个校区巡回办公，解决相关问题。分校区都具有较为分权式的管理特点，而大学本身也主要是通过当地的相关法律和财政机制来对分校区加以约束，各个校区有各自明显的特色和不同的侧重点，参与学校管理和决策的人员组成比较广泛，不仅有学校教师和行政管理人员参与，校外的著名人士也参与进来，形成独特的管理风格。除此以外，运用其先进的通信技术和强大便利的网络系统较好地解决了由于校区分散带来的不便。

第三节　国外高校的学生事务管理体制

国外高校学生事务管理体制方面，首先，欧美国家作为现代大学的主要发源地，有着发达的高等教育系统，在适应和应对全球化、国际化的过程中，其在高等教育学生事务管理领域积累了一系列经验，相关做法一方面为学生教育提供了很多的帮助和提高，让学生在大学期间得到充分的锻炼。其次，简化了流程，节约了管理的人力成本和资源成本。再则，欧美国家的学生事务管理将学生管理与教育，同时与多校区管理模式有机结合在一起，使之形成完整统一的管理模式和流程，已经走上了科学化、职业化和专业化发展道路，相关管理理论成熟，工作项目运作高效，不仅有力地支持和服务欧美国家高校人才培养的使命，而且目前已经成为欧美国家高等教育管理体系中不可或缺的重要组成部分。

以统一的学生事务管理机构为支撑，推进学生管理系统协同，随着高等教育的改革和发展，学生事务管理作为高等教育的一个不可或缺的重要组成部分的观点已经为欧美国家高校普遍接受，绝大部分的欧美高校都单独设置了与学术事务管理部门相平行的学生事务管理组织机构。发展到今天，欧美国家的高校基本上都设置健全完善的学生事务管理机构，建构了条块结合的组织模式。在美国，基本上每所高校都设置了一名分管学生事务管理的副校长，与校内分管教学科研、对外联络、财务资源等各项事务的副校长一起共同对校长负责，从而有效地保证了高校教育管理工作有条不紊地运行。

下面我们分别以哈佛大学、斯坦福大学和密歇根大学为例进行说明。在哈佛大学，学生事务管理的涵盖面广泛，除上述组织机构外，哈佛大学还设置了专门针对国际学生事务管理的部门和机构。哈佛大学研究生院学生事务处专门设置了一个多元文化事务办公室，主要负责国际学生事务管理与服务，帮助国际学生及其家属解决在哈佛学校内以及周边地区生活遇到的问题，例如签证、租房、缴税、交通、银行、身份证、健康保险、子女就学等各方面的问题。同时还会向学生提供未来就业前景、目前状况以及校友情况说明，提供学术与非学术方面的建议；给前来就读的国际学生提供相应的辅导员；支持学生组织发言人以及举办活动；帮助非美国国籍的学生获得可能的资金支持；指导学生获取哈佛校园内以及周边地区的资源。同时还设有许多地区性、国家性或国际性的社团组织。在斯坦福大学，学生事务管理机构部门的划分细致。斯坦福大学的学生事务管理是由一名副教务长主管，副教务长对教务长负责，副教务长下设五个助理副教务长，助理副教务长分管五个办公室，分别是学生生活处长办公室、教育资源处长办公室、健康中心、注册管理办公室和住宿教育办公室。而在学生生活处长办公室里又下设有5个职能部门：研究生生活办公室、司法事务办公室、学生活动办公室、会议服务中心、斯坦福学生联合会；在教育资源处长办公室又分别下设11个职能部门，主要包括亚裔美国人活动中心、国际中心、黑人社区服务中心、职业发展中心、墨西哥裔美国人活动中心、公共服务中心、同性恋、双性恋及变性者社区资源中心、美国原住民族文化中心、残障学生事务办公室、妇女社区中心和多元文化教育中心等。密歇根大学的学生事务管理由一名副校长主管，其下设20个具体的部门，按管理和服务分为两大类，分工细致，各个部门按照自己的业务范围直接面向在校学生，多头并进、条状运行。其中，负责学生管理工作的职能部门有：社区服务管理与培训中心、学生种族事务中心、多元文化中心、申诉办公室、学生种族处办公室、学生活动管理办公室、学生组织联合会、学生组织管理办公室。另外负责学生服务工作的部门主要有：学生事务处长办公室、校园信息中心、国际服务中心、残疾学生服中心、性侵犯预防中心、特殊性取向学生服务中心、学生法律服务中心、学生医疗服务中心、学生住宿服务中心、职业规划中心、心理咨询服务中心。除此之外，密歇根大学还设有学生事务研究中心，主要职责是进行与学生相关的课题研究，收集在校学生信息，为各个院提供参考，并且负责指导和协助各个学院的学生事务管理和研究工作。

（一）坚持目标导向和依法治校，完善学校各项规章制度

欧美国家高校对学生事务管理坚持目标导向，从一开始就实行目标化管理，以目标导向来规范高校大学生的各种行为，具体表现为大学生智力的发展、体力的发展、情感的发展、职业的发展、社会的发展等方方面面。欧美国家要求高校培养出来的大学生不仅应该肩负对社会的责任感，有强烈的求知欲望、广泛的兴趣爱好、广阔的知识面，而且要具有非凡的创造力，勇于探索，要有较强的心理承受能力和抗挫折能力，始终保持一种乐观向上的态度，形成自己的人生理想和奋斗目标。因此，各大高校的学生事务管理都有明确的工作目标和使命任务。

加利福尼亚大学伯克利分校的学生事务管理工作以“让每一个学生在成为世界公民的预备期内都能获得一份不寻常的卓越经历”为愿景，以“向学生提供领导力训练、各项服务和能够促使他们立足多样化、全球化的社会，并在贡献中获得成功的机会，提升学生的学问水平，促使他们的个人发展”为己任。

北卡罗来纳大学教堂山分校将学生事务管理的目标和任务定位在日常生活、身心健康、领导力发展等方面，为学生提供必不可少的学习机会与服务，旨在与学术部门一起共同促进学生的成长成才，致力于使学生的能力获得提升，人格更加完善，学业取得成功，并且成为具有责任感和同情心的公民，以及校园、本地区乃至全球范围的领导人才。密歇根大学则将学生事务工作的使命表述为：致力于让学生在多元的校园生活中获得全面发展。通过培训、服务和校园活动，帮助大学生成长，丰富他们的受教育形式。

欧美国家在高校学生事务管理方面坚持法治思维。为了保证学生事务管理目标的实现，高校中各种法律法规、校规校纪可以说是无处不在、无时不有。无论在国家事务还是个人事务中，美国人都始终秉承法律至上的原则。涉及高校学生事务管理领域，美国也建有健全完善的高校学生事务管理法律规章制度体系。

在法律完备上，美国不仅制定了基本法、高等教育法，而且在高校学生事务管理层面也制定了相关专门的法律，同时还设立了明确的工作规范和完备的规章制度，如美国学生人事管理者协会制定的《高等院校学生事务管理》《美国高等学校学生事务管理人员伦理标准》《美国高等学校学生事务管理人员行为规范》《学生事务应用手册》《学生服务手册》等。

在与法律相衔接的校规校纪上，各高校在按照美国联邦政府、州政府已制定的法律法规及相关专业协会组织制定的规范和标准的基础上，又广泛结合本校的实际情况也制定了适应各高校的学生事务管理规章制度，依此来规范本校大学生的行为，行使有效的教育管理。可以说高校的校纪校规涉及了学生事务管理的方方面面，学校允许什么、禁止什么、如何处理违规学生等都有明确的规定。美国高校中关于学生事务管理的法律规章制度不仅涉猎面广，条例明确具体，而且程序、步骤、要求具体清晰，具有很强的可操作性。美国高校能够根据不同时期的具体情况进行及时修订，适时调整学生事务管理规章制度，有针对性地修改一些已经过时的法律条文，做到与时俱进、不断创新。

法律完备还要靠执行来推进，因此在建有健全的学生事务管理法规的同时，欧美国家高校还在学生事务管理系统中设立了相关的司法政策服务机构和学生法律咨询机构，涉及知识产权、网络安全、学术诚信、性骚扰、艾滋病、校外不当行为、律师援助等，形成了一个完善的法治化管理环境。建立学科体系和岗位专业标准，实现管理队伍的专业化和职业化发展。加州大学圣迭戈分校在学生政策与司法服务部门下设立了司法服务办公室、学生非学术行为管理办公室、人际关系项目办公室等。斯坦福大学在学生事务部下专门设置了司法事务办公室，主要负责管理执行有关学生行为的司法过程。其具体机构及人员设置主要包括：司法实务委员会、陪审团小组、司法顾问、司法官员、司法咨询顾问、申诉处理员六个主要部门，构成了一个完善严密的司法体系，确保维护受害者的权利和公平正义。另外，美国各大高校还普遍建立了学生申诉制度和大学法庭，为那些受到不公正待遇的学生提供一个申诉的平台，用制度来保障和维护学生的权利和权益。例如，哥伦比亚大学的学生申诉办公室就作出承诺，当学生遇到困难或受到不公正的待遇需要申诉时，无论在任何阶段，都可以向哥伦比亚大学申诉办公室求助。申诉办公室会倾听当事人的情况，并协助当事人拟订计划渡过难关。

在欧美国家，高校学生事务管理已经发展成为一个职业岗位。经过长达数百年的发展和完善，欧美国家不仅建立了完善的高校学生事务管理学科体系，而且在高校学生事务管理队伍建设方面也形成了一套严格的岗位专业标准，具备较高的专业化、职业化程度。为促进高校学生事务管理的科学化发展，美国每个州至少有一所大学开设高校学生事务管理专业，有的高校甚至直接设立学生事务管理系，开设高等教育行政学、学生事务管理、学生发展、心理咨询、职业指导等多门课程。同时在美国还有 40 多所研究型大学开设学生事务管理方向的硕士培养点、博士培养点，专门培养具有扎实专业理论和实践能力的高校学生事务管理从业者。因此，在美国高校学生事务管理部门活跃着一大批具有硕士学位、博士学位的从业人员，在这些从业人员中有相当大一部分的人具有心理学、医学、法学或理工科博士学位。根据美国全国高校学生人事管理者协会于 1998 年对高校学生事务管理人员做的抽样调查显示，不同类型美国高校的 1045 名学生事务管理人员中有 56% 的从业人员已经获得或正在攻读相关专业的博士学位。而且在这些已经获得或正在攻读博士学位的人员中，又有 78% 的从业人员曾经在中等规模（注册学生人数在 5000 人至 14999 人之间）的高校就读过。在旧金山州立大学的 17 个学生事务管理部门的负责人中已经有近三分之一的人具有博士学位，在一些专业性要求强的部门，如大学生心理咨询与服务中心等，其工作人员还是持有专业资格证书或行医执照的心理学专家和精神病专家。

在美国高校，要想申请进入高校学生事务管理领域，要求相关人员不仅要获得学生事务管理相关专业的硕士学位、博士学位，而且还要执行严格的岗位专业标准。美国学生人事管理者协会提出了多达 18 条的美国高校学生事务管理专业化的细化标准：①专业服务；②有效管理学校资源；③与高校的发展任务目标相一致；④拥有合法合理的自治权；⑤能够协调利益冲突；⑥保持良好的人际关系；⑦引导学生行为；⑧平等对待其他师生员工；⑨健全信息调查机制；⑩充满职业自信；加强学生情况的调查力度；⑪体现出专业水准；⑫有选择地促进专业实践；⑬发挥指导参谋功效；⑭清晰界定工作权限；⑮营造良好的大学氛围；⑯促进自身的专业发展；⑰及时评估专业绩效。

（二）积极推进学生事务管理人员的专业化和岗位职责具体化

美国高校学生事务管理在坚持严格的职业准入制度的同时，还对管理人员进行全面的职业培训。美国在对学生事务管理从业人员进行培训的过程中将学历教育与在职培训分开，学历教育主要是由高校承担，如前所述的在研究型大学设立学生事务管理专业，培养各个学历层次的专门人才。针对那些在职的学生事务管理人员，美国许多高校还安排了形式多样的专门培训，如在高校内经常开展主题培训、工作组讨论、专家讲座、指定资料阅读等。对于那些处于初级工作岗位的从业者，高校经常会安排高级岗位人员对其进行专业指导，不断促进其专业发展。美国高校还鼓励所有学生事务管理人员参加专业协会，让学生事务从业者在参加专业协会和职业组织的过程中得到历练，不断提升工作能力。

此外，欧美国家高校还注重通过事业环境的优化来对学生事务工作者进行有效的职业激励，努力为他们营造一个充满活力、令人兴奋的工作环境，激发学生事务从业人员提高自身的各种素质。与此同时，还对学生事务管理从业人员的职业发展提供科学化的制度安排，提供有效的职业发展路径，为其在职业化、专业化发展方面谋取出路。应该说，一支职业化、专业化、专家化的学生事务管理队伍，是欧美国家高校学生事务管理科学化的基础，是高质量做好学生事务管理工作的根本保证。

欧美国家高校学生事务管理的核心理念是“全人教育”，始终强调以“学生为中心”，奉行“人本化”“个性化”的教育管理理念，尊重学生，培养学生，注重服务。高校学生事务管理部门把学生视为独立的成年个体，充分尊重学生的个体差异和多样化的需求，把大学生看作高校得以有效开展学生事务管理工作的重要合作者或伙伴，对大学生实施分类指导、个性化的服务与管理。例如，美国高校学生事务管理部门在对大学生提供心理咨询和健康服务时就坚持“以生为本”“个性化服务”的理念，充分尊重不同教育对象、咨询对象的个体差异及发展阶段的差异，以咨询对象为主体，尊重每个大学生的价值，鼓励在社会责任与社会价值不相矛盾的情况下充分发展学生的个性，最大限度地挖掘学生潜能。在实行差别化服务上，美国高校学生事务管理部门制订了针对不同大学生的咨询计划表，针对不同年龄层次和不同年级大学生的心理问题，提供有针对性的咨询指导和服务。例如，心理咨询辅导中心在帮助大学生实施职业生涯规划辅导时，每个年级都有不同的内容。对大一、大二的学生，主要是帮助他们认识自己、探索自己，充分了解自己的兴趣、爱好、能力、技能、价值观等，了解社会上已有的职业和岗位状况，为他们制订相应的教育培训计划。对大三、大四的学生，主要是帮助他们在自己的专业领域内寻找参与社会实践实习的机会，指导他们如何写好求职简历、求职信，如何进行自我推荐，帮助学生掌握面试技巧，指导他们选择雇主。

与此同时，欧美国家高校学生事务管理部门还十分注重大学生的自我教育、自我管理与自我服务。在美国，高校中大学生自行组织成立的学生自治会组织、学生俱乐部、体育组织、各种娱乐团体等社团活动十分活跃。在这众多的大学生社团组织中，规模最大、组织最健全、成员遍及全校的就是大学生自治会组织。作为独立于学校行政之外的学生组织，大学生自治会组织在美国高校中发挥了极其重要的职能。一方面，它代表全体大学生的利益。主要是通过提案的方式加强与高校之间的沟通。另外，自治会的主席和主要干部还担任学生问题的主要顾问，参与高校内部各种教学与服务性委员会，代表大学生参与校务；另一方面，服务学生的日常生活也是大学生自治会组织的重要职能。学习方面，为大学生们提供课程要求与规则等；住宿方面，提供住宿政策、三餐计划；另外还有图书馆服务、公共汽车服务等多方面的服务。同时，大学生自治会还通过加强自身与其他大学生社团的联系，推动大学生课外活动的举行，举行一系列学术性、娱乐性、联谊性、竞技性的活动，极大地丰富、活跃了校园文化生活。

此外，学生参与管理也已经成为欧美国家高校学生事务管理的一大特色。在德国，柏林大学允许大学生以一定的比例参与高校管理；在法国，新大学法也积极提倡“学生参与”，允许大学成员的各层次（包括学生在内）都选出自己的代表参与学校管理；在英国，大学生参与管理表现为高校内一般的学生会自治代表成为学校理事会的正式成员；在美国，大学生参与管理表现得更为突出，在学生寝室、学校食堂、图书馆、大学生活动中心、计算机房等许多场所都有学生参与管理与服务，学校心理咨询辅导中心、学生事务管理办公室、体育运动场馆也遍布有大学生志愿者或学生员工的身影。美国高校食堂有学生经理和学生工作人员，图书馆有学生管理员，各办公室学生秘书，学生寝室有学生管理员任寝室楼主任助理，可以说大学生的参与面非常广。大学生参与高校事务管理，一方面既解决了大学生的经济问题，培养、提高了他们的自我管理能力和实际工作能力，为他们顺利踏入社会扮演好未来的社会角色打下了基础；另一方面又在很大程度上降低了高校的管理成本，这势必形成一个良性循环系统，实现高校与大学生之间的双向交流。

第四节　国外高校学生事务管理对我国高校学生教育与管理的启示

国外高校学生事务管理经过长达数百年的发展和完善，已经走上了职业化、专业化的发展道路，积累了丰富的经验。它们树立了

“以生为本、为学生服务”的管理理念，构建了扁平化精简高效的管理机构和运作模式，培育了一支职业化、专业化的学生事务管理队伍，形成了系统完善的行业标准、规章制度和法律法规，实现了管理与服务、学生事务与学术事务的有机结合。其相关经验给我们带来了有价值的启示。

一、建构高效协同、统一完整的学生事务管理体系

我国高校学生事务管理的组织架构和管理模式与欧美国家高校学生事务管理的运行机制具有较大区别。我国高校的学生事务管理实行的是党委领导下的党政共管型管理体制，在学校一级设学生工作委员会，下设立学生工作处（部），在院系一级设立学生工作小组，主要负责基层的学生教育管理工作，他们在工作上既受院系党总支、行政的领导，又受学校学生工作处（部）领导。我国高校学生事务管理机制更加突出综合化，块状管理，条块结合，多级设置。这种条块结合的多级运行机制可以保证对学生事务管理各个层面的充分覆盖，促进学生事务管理各项工作有机统筹与协调。同时这种多层级的条状管理体制在某种程度上也会导致学生事务管理信息传递效率低、对学生的需求反应缓慢、组织运行的成本偏高等问题，影响高校学生事务管理效率的提高。因此，充分借鉴欧美国家高校学生事务管理的相关经验，构建系统化的学生事务管理组织体系和运作模式是我国高校学生事务管理的题中之义。

我们要在学生事务精细化管理理念指导下，积极构建学生事务管理的组织体系和运作模式，要在精简组织机构、整合组织职能、

分流人员的基础上，逐步优化现有学生事务管理机构部门的中间层，要将学生事务管理职能逐渐从基层院系工作中剥离。各个独立的院系不再单独管理学生，探索将学生事务管理的主要职责交由学校学生事务管理中心，着力构建功能健全、部门完善、多中心、专门化的学生事务管理体系，成立直属于高校主管学生事务的党委副书记或副校长的学生事务管理办公室或管理中心，如招生注册中心、学生学习辅导中心、寝室生活指导中心、行为指导中心、思想政治教育中心、心理健康服务中心、就业指导中心、党团工作中心、学习生活中心、勤工助学中心、经济资助中心等。以此来拓展学生事务管理的宽度，缩短信息传递的“臂长”，减少中间环节，提高信息的响应速度，同时也最大限度地拉近高校学生事务管理者与大学生之间的距离，提高学生事务管理的针对性和实效性，促进我国高校学生事务管理效率的提高。

二、强化依法治校，完善学校各项规章制度

在欧美国家，高校学生事务管理的一个非常显著特点就是法治化管理。完善的法律法规及各种规章制度使学生事务管理在欧美国家高校的人才培养中发挥了极为重要的保障作用。高校学生事务管理的法治化主要包括以下几个层面的含义：一是严格根据法律法规建立健全高校学生管理制度，使之做到有法可依；二是用法律法规和有关规章制度来调整相关主体之间的权利、义务，使高校学生事务管理逐渐由“任性”走向“理性”，切实做到使已制定的“良法”得到最大程度的实现；三是严格遵循程序正义的原则，严格按照既

定的法律程序实施管理规定，以确保人的合法权益不受权力滥用的侵害；最后是对权力要有相应的监督和救济途径。高校要在学生事务管理中严格按照教育法律、法规及各种规章制度，规范学生事务管理权力行使的程序，形成比较合理规范的高校学生事务权力制约机制和监督机制，同时在学生事务管理过程中，体现法律的公平与正义原则，使高校学生事务管理处于依法治理的状态之中。

我国是一个社会主义法治国家，崇尚法治、依法治理是我们国家的一贯追求，将高校学生事务管理纳入法治化轨道，这既是社会主义政治文明建设的客观要求，同时也是依法治教思想在高校学生事务管理中的重要体现。实现高校学生事务管理的法治化，首先要进一步建立和完善学生事务管理方面的法律法规。从宏观到微观，上到国家下到高校内部，要在不同层面展开高校学生事务管理法律、法规及各种规章制度的系统构建，从而在立法上不断地明确我国高校的法律地位、性质、责任及与学生之间的权利义务关系。同时，要根据不同时期的具体情况对高校学生事务管理法规不断作出调整，真正做到与时俱进，开拓创新，避免法律盲区的出现。其次，高校学生事务管理要严格执行相关法律法规，实现程序上的规范化。

高校学生事务管理在具体的实践过程中要切实遵循程序正义的原则，严格按照管理程序依法办事，更加谨慎地行使管理权，使大学生的人格尊严和主体地位得到充分的尊重和保障。再次，要逐步建立和完善高校法律咨询机构。通过在高校内部设立专门的司法政策和法律咨询机构、大学生申诉机构，进一步畅通学生权利救济途径，用制度来保障大学生的权利，维护大学生的权益，不断提高高校师生的法律意识，将依法治教思想落到实处。

三、坚持因材施教原则，积极推进学生主动参与管理

高校中每一个大学生个体都是具有独特性和差异性的存在。每一个大学生都是一个非常具体的人，有自己的历史，有自己的个性，他们的生活是丰富多彩的，因此，个体经验也是多元并存的。欧美国家高校学生事务管理在长达百年的发展历程中，始终秉承“以生为本、个性化服务”的理念，注重发展学生个性，充分挖掘学生潜能，为学生提供个性化、多样化的管理与服务。由于受传统理性主义思维方式的影响，长期以来，我国高校学生事务管理用统一的教育目标和统一的培养标准要求学生，强调整齐划一，千人一面，力求通过各种各样的规章制度来“管住”学生，因此，在管理和服务的过程中往往忽视了大学生群体需求的个性化和多样化，这就严重影响了教育管理的针对性和实效性。

高校学生事务管理对大学生成长的帮助绝不是意味着要按照预设的“完人式”的标准来培养出千人一面的学生，应该尊重大学生的个体差异与个性，把促进大学生个性和谐发展作为自己的终极目标。因此，学生事务部门不仅要关注大学生发展的“宏大叙事”，更要关注大学生发展的“小型叙事”，也就是说要根据大学生的个体差异和多样化需求，实施因材施教、分类指导，为他们提供个性化的管理与服务。因此，在具体的教育管理服务中要准确了解不同民族、不同性别、不同性格、不同资质、不同家庭背景、不同经济状况的学生的个性化特征和实际需求，根据学生的不同专业、不同年级、不同兴趣等组织设计和开展活动，不断推出满足不同大学生需求的

个性化服务项目和活动，如学业指导、心理咨询、就业服务、经济资助等，使以往那种“追求同一、关注同一”的学生事务管理发展观转变为一种“尊重差异、彰显特色”的新型发展观，让每一个大学生都找到属于自己的一片天空，让每一个大学生都感受到来自学生事务管理者的关照和关爱。

此外，高校学生事务管理者还要充分重视大学生主体意识和参与意识的培养。我国高校学生事务管理部门要让大学生参与到学生事务管理服务的过程中来，让他们积极投身实践，参与到高校发展规划、大政方针及相关学生事务管理规章的讨论和制定中，鼓励他们提出合理化的建议和意见，让他们感觉到自己是学校的主人，从而增强大学生的学校归属感和荣誉感。同时，要坚持“全员育人”与“全员自育”结合，使所有学生都承担起自我教育与自我发展的责任，最大限度地发挥和提高学生的自我定向、自我规划、自我驱动、自我控制、自我评价和自我发展的能力，从而在高校学生事务管理者、教育管理体系和大学生之间构建一个完整健康、良性互动的教育与自育体系。

四、积极推进学生工作队伍的专业化

学生事务管理队伍是高校学生事务管理的重要保障。他们是大学生思想的引领者、行为的引导者、活动的组织者，是大学生健康成长的指导者、引路人，是大学生的人生导师和知心朋友。纵观欧美国家高校学生事务管理的发展历史，其富有成就的学生事务管理是与学生管理队伍的专业化和职业化发展分不开的。因此，借鉴欧美国家高校学生事务管理队伍建设的成功经验，结合我国现阶段的具体国情，建设一支职业化、专业化、专家化的学生事务管理队伍也应该是我国高校学生事务管理的必然选择和现实要求。

“学校之良莠，取决于教师之优劣”，这就意味着高校学生事务管理队伍的质量对高等教育的发展及大学生的成长成才都有着重要的影响。因此，在高校学生事务管理队伍职业化、专业化、专家化建设上，要按照合理流动、动态稳定的原则，逐步建立与完善可持续发展的学生事务管理队伍的选拔、任用、管理、培训和提高的用人培养机制。首先，要坚持严格的准入机制。对高校学生事务管理队伍尤其是大学生辅导员的选聘，要按照严格的选聘标准，细化选聘的方法，规范选聘的程序，严把辅导员的入口关。要使选聘的辅导员不仅具有坚定的政治方向，较高的政治水平，坚定的理想信念，而且还要具有学生事务管理相关专业学科的知识背景，具备较强的组织管理能力和语言、文字表达能力，能够运用相关知识解决学生事务管理中的具体问题。此外，还要使选聘的人员具有高尚的道德情操和品质，德才兼备，有较强的事业心和责任感，热爱高校学生事务管理事业。其次，要强化完善学生事务管理人员的培训机制。我国高等教育管理部门、高校及学生事务管理的相关专业协会组织要逐步完善高校学生事务管理队伍的培养方案，着力构建岗前培训、日常培训、专题培训、职业化专业化专家化发展培训等多种培训类型，构建融教学、科研、交流三位一体的培训体系。同时，要完善培训内容，严格培训考核的要求，实行培训质量评估制度，促使我国高校学生事务管理队伍从“事务型”向“专家辅导型”转变，以此促进学生事务管理队伍的优化、整体质量的不断提高。再次，要着力推进高校学生事务管理专业协会的创建。欧美国家的学生事务管理专业协会在其校学生事务管理专业化发展及人才培养中发挥了极大的推动作用，我国也应大力推进高校学生事务管理专业协会及相关组织的创建。通过不同的学生事务专业协会及相关组织，制定我国高校学生事务管理的行业标准和岗位专业标准，引导和鼓励对高校学生事务管理队伍的研究，使他们干一行、爱一行、钻一行，逐渐提高工作的针对性和实效性；同时要逐渐建立和完善激励保障机制，创造良好的环境，鼓励高校学生事务管理人员向职业化、专业化、专家化的方向发展，使之工作有条件、做事有平台、发展有空间。

第四章　加强和改进多校区办学模式下大学生思想政治教育工作的对策

第一节　促进学生之间的交流

如本书第二部分所述，在多校区办学模式下，由于空间的分隔，不同校区学生的交流存在很大障碍。对于扩张型多校区高校，由于一般均按照年级来划分校区（即低年级在新校区、高年级在老校区），因此直接导致低年级学生与高年级学生交流的匮乏。

促进低年级学生与高年级学生之间的交流，也就促进了高年级学生对低年级学生的指导、帮助。这种学生之间的交流不同于师生之间的交流，由于交流的主体都是学生，都具有相同的身份，相近的思维方式和话语体系，因而交流双方心理距离更近，亲近感更强，一方的建议也更容易为另一方所理解和接纳。

要使交流得以促进，就不能寄希望于交流的自然发生、自然发展，而要对促进交流事宜做科学性设计与系统性安排。这主要从以下几个方面着手：

一、为促进交流提供相应的交通条件

考虑交流的障碍主要来自于空间阻隔、交通不便，那么改善交通条件便是促进交流的必然选择。诸如，为了实现不同年级学生加强交流的目的，有必要按照一定频次设置班车、摆渡车或活动专用车等，方便师生直接往返于两个校区。当然，如何改善交通条件是需要斟酌的，受不同校区之间的交通便利程度、交通成本、学生需求、交流时间等因素确定，这种因交通条件改善而促成的面对面的交流方式是必不可少的，根据多校实践证明，改善交通条件对于促进交流有立竿见影之效果。

二、为促进交流安排专门负责人员

为了提升交流的有效性，有必要对交流的主体进行专门的安排。比如，聘用高年级的学生党员担任低年级班级的“朋辈辅导员”，为低年级班级提供针对性的指导；聘用品学兼优的研究生担任低年级本科生的“学业导师”，为有考研或科研、创新创业等梦想的本科学生提供结对指导和帮助。这种专门安排的朋辈辅导，要明确“辅导者”的职责，对“辅导者”进行必要的培训、考核、激励。而且这种安排是动态的，如果“辅导者”与“被辅导者”始终难以形成良好的朋辈关系，则应适时对“辅导者”进行调整。

毫无疑问，做了专人安排的学生交流，能使交流更为有效、有价值、有保障。同时，对于担任“辅导者”职责的学生来说，也不啻于是很好的锻炼和发挥作用的方式。因此，朋辈辅导工作和其他培养、考核学生干部、学生骨干的工作，诸如“学生党员先锋工程”，结合起来开展更为有效，能更好地形成合力。

当然，随着新校区的发展，在新校区的学生可能越来越多，年级分布也越来越广，学生之间交流不足的问题会逐渐弱化。但不管怎样，由于校区分隔而带来的学生交流问题依然不能忽视。比如，低年级学生与毕业班学生之间、本科生与研究生之间等还是会受到限制。因此，对扩展型多校区高校而言，随着新校区的不断发展，只要存在着校区分隔的情况，学生之间的交流是否充分有效，应是学校需要关注和重视的问题。

三、为促进交流构建相关制度机制

“互联网＋”、大数据时代的飞速发展，为学生交流开辟了新的途径。因此，在有效改善交通的基础上，有必要搭建方便学生广泛交流的信息平台，使学生可以通过网络轻松地提出问题、获得解答、进行交流。比如，按专业设置各年级学生互通共享的信息交流群，可以有效突破交流时间、空间、人员的限制。对于这种信息交流网络平台，需有专人管理和维护，不能放任自流。事实上，学生在网络信息平台的搭建和使用上，往往表现积极性高、能力较强，也是富有创造性的，学校所要做的主要是引导和必要的监管，还可以结合实际情况开展评比活动。

在此方面，部分高校作了积极有益的尝试。如北京建筑大学启动 iStudent 网络社区，iStudent 网络社区的上线运营，是学校建设“最爱学生的大学”的生动体现和重要举措，是学校“卓越管理行动计划”和信息化建设的一项重要工程项目，有力地促进了学校、师生、校友等多维互动交流。另外，学校每个院系都建立了自己的学生微信平台（公众号），定期发布和推送工作动态、重要通知、学生活动、典型人物。这些微信平台所承载的内容很丰富，形式也很生动，都是用学生“小编”的语气娓娓道来，轻松而接地气，因此易于为学生所认可和接受。无论身在哪个校区，浏览这些网络化的内容均很容易，而且内容可以储存、复制、转发。同时，基本上每一个班级都建立了自己的微信交流群或其他类似的交流平台。通过网络平台展开的学生交流有几个好处：第一，时效性强。学生的问题，相关人员可以实时回答；第二，辐射面广。即使是两个人的谈话，群内的其他成员也都互享共知，信息可以有效抵达群内各个成员，实现资源共享；第三，交互性强。参与人数较多的讨论就有“头脑风暴”的效果。总之，学生之间以网络平台为基础的信息交流是一种趋势，在多校区办学模式下，对于信息交流网络平台更应充分重视并使其得到长足发展。

四、其他方面的探索思考

在促进多校区学生之间的交流和互动方面，许多高校进行了卓有成效的探索。一是探索建立多校区学生工作交流制度体系。在学工部、团委、研工部等有关部门支持和配合下，广泛征求多方意见，并在实践探索中逐步形成了相对完善的交流机制。逐步健全了大学生思想政治工作制度、学业辅导和成长指导工作制度、工作例会制度等，强化学校各职能部门和单位的联动协同机制，为加强校区交流互动、传承校园文化、强化合力奠定了坚实基础。二是探索形成学生互动和对话平台，为学生搭建起科技创新平台、文化交流平台、体育竞技平台、志愿服务平台等，发挥平台共商、共建、共享的作用。三是探索形成了学生在不同校区和社区间的互动机制。

第二节　增进师生之间的交流

一、为教师到新校区工作提供便利

依然是交通问题。既然是因空间阻隔造成交通不便，就必然要从改善交通条件着手。设置符合需求的通勤车辆是有效解决问题的途径。同时，根据学校情况，给予到新校区开展工作的教师一定的经济补贴不失为一种有效的激励手段。

以北京建筑大学为例，在新校区于 2011 年投入使用时，老校区（西城校区）与新校区（大兴校区）之间的通勤车辆设置为一天四趟。即早晨从老校区开往新校区、下午从新校区开往老校区、中午两校区同时对发。这其实是以老校区为主的通勤车辆设置方式，表示教职工实际上以老校区为出发点或中转站，到新校区工作的教职工早晨或中午从老校区出发，中午或晚上再返回老校区。但随着新校区建设工期的推进，入驻新校区的学生越来越多，从2011年大一一个年级到2015年大一至大三三个年级，且部分学院全体本科生全部入驻新校区。新校区学生规模扩大三倍，相应地，工作重心转移至新校区的教职工、居住在新校区或是其周边地区的教职工也随之显著增加。因此，原先的通勤车辆方式显然不能适应新的情形了。从2015年起，两校区的通勤车次增加为一天十趟，即上午4趟、中午2趟、下午4趟两校区均同时对发，这实际上表明至少在交通安排上已经两校区并重了。事实上，增加的车次也是基于现实的需求，较好地满足了教职工往返于两个校区，尤其是以新校区为出发点和中转站的出行需要。除此之外，从新校区投入使用之初，学校便在新校区和离其最近的地铁站之间设置“摆渡”车辆，按照每日固定的频次发送，作为方便师生出行的解决方式之一。摆渡车次的“时间表”也在随着入住新校区师生的逐年增多而逐步完善。

二、为更多的教师常驻新校区提供保障

新校区地处偏僻，常驻教师比较少，这是学校头疼的问题。要切实解决这一问题，除了行政要求之外，还是得通过有力手段吸引教师，尤其是青年教师常驻新校区。所谓“常驻”，最核心的要素是居住。因此，首要的便是教师在新校区的居住问题。这是十分现实的问题，需要在政策框架体系内，从学校实际出发，通过合理合情的途径，如租赁居住、周转居住等方式加以考虑和解决。这需要学

校积极争取政策支持和有利资源，充分调研与掌握教师的实际需求，进行整体规划和专题研究，作出积极而审慎的决策；其次，是教师尤其是青年教师子女的教育等问题。这些问题一般并不在学校的直接考虑范畴内，但随着新校区的使用与发展，这些现实而具体的问题更加凸显，而且其解决与多校区模式下的大学生思想政治教育工作、与学校整体发展都有直接的密切关系。因此，对学校而言，积极帮助教师解决这些问题，是务实的，也是很得人心的举措。让教师在新校区住有所居，而且住得安心，切实帮助他们解决后顾之忧，就会有越来越多的教师愿意常驻新校区，从而为新校区的大学生思想政治教育工作、为新校区的长足发展，奠定坚实的人员基础。

三、充分发挥辅导员和班主任的教育管理服务作用

辅导员是高校教师队伍和管理队伍的重要组成部分，是开展大学生思想政治教育的骨干力量，是学生日常思想政治教育和管理工作的组织者、实施者和指导者。辅导员扮演着学生思想的领航人、学生生活上的贴心人、学生学业上的领路人的重要角色。在多校区模式下，更要注重加强辅导员队伍建设，按照学生分布统筹配置好辅导员工作岗位，确保辅导员人数基本规模保持稳定（由于多校区导致的空间障碍和交流不便，辅导员人数应比单一校区模式下更多为宜，而不是简单的人员等量拆分）。要结合不同校区的学生特点不同等因素，加强对辅导员的管理、培训、考核，提升辅导员工作的针对性、有效性，增强辅导员队伍协同作战的能力。

这里，有一个值得注意的问题是新老校区辅导员的工作衔接。

在多校区办学模式下，学生随着年级的递增而在校区之间搬迁，比如，大一大二在新校区，大三大四在老校区。但是，辅导员很可能是不随之流动的。这也就意味着，学生从新校区搬迁至老校区以后，不仅要面对和熟悉新的学习生活环境，还要面对和熟悉新的教育者。为了帮助学生在新的环境顺畅地起步，新老校区辅导员的工作衔接是重要而且必须妥善做好的。在工作衔接中，需把握好以下几点：第一，应对有关工作资料作完整移交、无缝衔接，做到各种信息保存妥当、一目了然；第二，移交出去的辅导员要将所带学生中的重点人物、重要情况向接手的辅导员交代清楚，以让接手辅导员做好准备，心中有数；第三，学生搬迁前，新老辅导员最好一同与学生以会议等方式见面。搬迁以后，接手的辅导员要尽快通过座谈、个别谈话、会议等方式了解和熟悉学生的整体情况，并且若非确实必要，不要轻易调整学生干部，以保证工作的稳定性、连续性；第四，新老辅导员都应主动加强与班主任的联系和沟通，始终保持有效的教育合力。

班主任与辅导员都是大学生思想政治教育的骨干力量，而且班主任大多由专业教师兼任，相比辅导员而言，班主任在学业指导、专业发展指导等方面更具优势。在多校区办学模式下，尤其要重视以专业教师为主体的班主任作用的发挥，通过明确班主任进课堂、进宿舍、参加学生活动等方面的具体要求、考核标准、激励方式，促进班主任与学生，尤其是与新校区学生广泛深入交流，增强班主任在育人体系中的重要性，并积极发挥其优势，从而加强多校区模式下的大学生思想政治教育工作。

事实上，促进班主任切实发挥作用是不太容易做到的。因为，不像辅导员是专职担任，班主任都是兼职担任的。对此，有几个做法值得参考。第一，学校应充分重视班主任工作，尤其是多校区办学模式下的班主任工作，加强宣传和引导，促进全校上下形成共识，增强班主任工作的主动性；第二，班主任的工作职责力求明确、具体，具有量化指标，避免笼统而难以衡量；第三，将班主任的履职经历等要求与教师职称晋升条件等挂钩，提升专业教师，尤其是青年专业教师担任班主任工作的积极性；第四，加强班主任考核与评优工作，将班主任工作考核纳入二级学院考核和学生工作系统考核范畴，每年定期评选“优秀班主任”“十佳班主任”等，予以表彰，大力宣传，树立榜样，形成良好的导向和氛围。

四、不断丰富师生交流的新途径

师生间的交流，既有课上交流，也有课下答疑、咨询、辅导等，从教学规律和学生需求出发，也有必要对一些基础课程、重点课程的答疑时间、辅导时间作出明确要求。同时，在信息时代，人与人的交流方式发生着迅猛的变革，网络架起了信息传递、交汇、沟通、反馈的桥梁。网络交流的最大好处便是突破空间的限制，这显然是为多校区模式下的师生交流带来很大便利。而且，网络交流还有其他诸多有别于面对面交流的优势，诸如，有的学生当面难以提出问题，通过网络倒是敢于提出了；又如，教师可以使用一些网络上流行的语言或符号，来表达自己的意思或情绪，无疑会拉近与学生的心理距离。因此，教师不应把通过网络平台构建起的交流体系视为负担，而应看作帮助和促进自己与学生有效交流的重要手段。教师要充分重视各种网络交流方式和信息传递工具，与时俱进地提升运用网络的综合能力，主动搭建和加入相关的学生网络交流平台，密切与学生的联系，了解关注学生身心特点，多站在学生角度和立场考虑问题，增强信息交流的实时性、互动性、生动性。

第三节 推进校园文化的传承与发展

多校区办学模式下，新老校区的校园文化建设容易出现的问题，一是新校区校园文化氛围薄弱，二是不同校区校园文化割裂和断层。为克服此类问题，要把握好以下几个方面。

一、注重不断强化新校区校园文化建设

随着新校区的投入使用，各类活动的不断展开，文化开始产生、发展，并对置身其中的人产生熏陶、影响和塑造等作用。不同于老校区经过多年的运行已经具备较为浓厚的文化底蕴，新校区的文化氛围还比较薄弱，应把新校区作为校园文化建设的主战场来着力推进。这也就意味着要把文化建设中大部分的人力、物力、财力投入到新校区中，使得新校区的文化建设能够加速，避免出现有了楼、有了景、有了人却没有了文化的现象。

加强新校区校园文化建设，主要包括以下几点：

（一）丰富新校区校园文化活动

文化活动是文化的直接显性表现，是文化建设的基本抓手。要保证文化活动的数量，提升文化活动的质量，在文化活动的参与性、影响力、可持续性上下功夫。以北京建筑大学为例，在新校区投入使用以后，一大批校园文化活动“移师”新校区举办，诸如“传统文化进校园”、校园歌手大赛、“挑战杯”大学生课外科技作品大赛、学科竞赛活动等。同时，加大了新创办或新引进的校园文化活动的支持和投入力度，诸如首都大学生创意科技作品展、首都高校弘扬传播社会主义核心价值观作品展、名师讲堂等一大批文化活动“花落”新校区。这些形式多样、内涵丰富的文化活动为新校区的校园文化建设注入了新的活力和动力，丰富了校园文化生活。

（二）积极发展社团文化

社团是以兴趣或特长为纽带的学生组织，是校园文化活动的直接组织者、推动者、参与者，大力扶持、积极引导社团的发展，使其扮演好校园文化建设生力军的作用，充分发挥老师、学生和学生组织自我管理、自我服务、自我成长的积极性、创造性。允许和鼓励学生创新社团活动形式和内容，给予充分的自主权，注重引导，鼓励原创。

（三）大力建设校园文化设施

在新校区规划和建设时应考虑，在新校区投入使用时，应建设有足够满足学生学习和生活需求相配套的文化设施，如校史馆、运动健身场地、文化活动场所、功能活动室、“海报墙”、读书室等。这是开展校园文化建设所必备的硬件条件、物质基础，应随着入住学生的增多而不断完善。

（四）加强经营新校区周边地区的文化生态

任何文化都不会孤立地存在，而是置身于一定的环境之中，同环境中其他文化发生着直接或间接的联系，相互促进，或相互制约。老校区周边地区文化设施相对比较完善，文化氛围比较浓厚，文化生态比较成熟，学生获取社会公共文化资源的途径也比较便捷。但对于新建校区而言则不然，由于地理位置一般比较偏僻，新校区周边地区的文化生态往往还比较薄弱，学生便于选择的可替代文化产品、文化资源也十分有限，这显然不利于新校区自身文化建设的进展。因此，应有意识地跳出校区自身的圈子，积极参与到周边地区文化生态的经营中去。比如，和周边的单位、街道、社区、村镇寻求合作，开展志愿服务、社会实践、社会调查、文艺演出、文化交流、文化宣讲等活动，既丰富学生的校园生活，锻炼学生的才干，增强学校服务社会、服务地方的能力和效果，同时也为校区周边地区文化环境的不断改善奠定较好的基础。

在此方面，北京建筑大学进行了积极的实践探索。学校以新校区（大兴校区）为依托，联合大兴区的礼贤镇、瀛海镇、黄村镇等乡镇及其下辖行政村开展了多项以学生为主体、老师为主导的交流活动和项目，诸如社区法律宣讲、义务支教、拆迁项目居民访谈调研、“红色1+1”党支部结对共建等，收效显著，充分地发挥了学校的专业和人才优势，密切服务于新校区周边地区的经济文化事业和社会发展，为推进新校区和周边地区的发展双赢做出了积极贡献。

二、注重新校区对老校区的文化传承与校区之间的文化互动

与扩展型高校新校区相比较，老校区一般有更为浓厚的文化底蕴与传统，这也是新校区文化建设的发展基础和平台。如何体现校园文化的整体性，做到“不同校区，同一学校”传承学校历史传统和校园文化，主要有以下几点可以借鉴。

（一）凝练传承大学精神

注重对大学精神文化体系的总结和梳理。借助学校两校区布局调整之际，制定学校《“十三五”校园文化建设规划》和《大学文化提升计划实施方案》。建立教风与学风建设联动机制，形成包括文化艺术、心理健康、科技竞赛、主题教育四大板块校园文化活动品牌。在多年挖掘和凝炼成果的基础上，通过多种途径，构建起以“立德树人 开放创新”为办学理念，以“实事求是 精益求精”为校训，以“团结 勤奋 求实 创新”为校风，以“爱国奉献 坚毅笃行 诚信朴实 敢为人先”为北建大精神的学校精神文化体系。

（二）打造高雅育人环境

注重加强顶层设计，打造高雅育人环境。如北京建筑大学加大投入，建成学校艺术馆、中国建筑师作品展示馆（成功入选第二批大兴区南海子文化教育基地）等文化阵地，举办高水平、高品位的

文化艺术展览活动多场；形成文化艺术、心理健康、科技竞赛、主题教育四大板块校园文化活动品牌；注重校园环境文化建设，制作文化雕塑和校训石、校风石，打造静园、和园和臻园等主题文化场所；实施“文化塑院计划”，推进学院楼宇文化和宿舍文化建设工作。

（三）注重传统文化活动阵地建设

文化活动是文化的载体，如果将老校区的一些具有悠久传统、形成好经验、已形成品牌的文化活动运用到新校区，将提升新校区校园文化的水平与层次，同时注重加强规划，注重新老校区的文化思路、文化观念、文化体系的内在统一。当然，将一项文化活动的全部或者部分放到新校区来举办，还是会有一些具体问题的。以一项学生专业竞赛为例，可能指导教师的聘请、校外参赛队员的接待安置等，在老校区并不是问题，但到了新校区就会存在问题，有的问题还并非轻而易举就可以解决。对于此，应有充分的准备和详尽的预案，确保文化“移植”成功，甚至“移植”以后更有特色，更加出色。

（四）加强多校区文化建设的协同效应

随着新校区的入住学生越来越多，相应地，自然是老校区的学生规模减小。在按年级划分校区的格局下，老校区的学生都是高年级的本科生和研究生，而他们要么忙于考研、就业，要么忙于实验、论文，参与校园文化活动、投身校园文化建设的积极性是低于低年级本科生的。因此，要关注老校区校园文化活力下降、可持续性降低的隐忧，并针对老校区在学校整体发展中的战略定位和其所具有的资源优势、学生特点来有侧重地开展校园文化建设，有重点地举办校园文化活动。必要时，可以用新校区校园文化建设中形成的特色项目、品牌活动来“反哺”老校区。总之，新老校区的校园文化建设应统筹兼顾，新校区在传承的基础上重在速度和质量，老校区则在输送的情形下注重活力和持续发展，新老校区协同发展，形成不同校区校园文化良性互动、齐头并进的局面。

总之，相较于老校区，新校区的校园文化建设是可以并且应该提前规划的，从而有针对性地培育良好文化氛围。新校区的校园文化建设总体规划，应充分汲取和借鉴老校区的经验，也要借鉴兄弟院校以及社会其他实体的有益经验，扬长避短，推陈出新，将老校区成功的经验发扬光大，规避不良影响，并积极形成自身特点，不断加强新校区校园文化建设特色化和实效性。

第四节　理顺“条块”工作模式

在多校区办学模式下，学校的多项工作都会面临“条”和“块”的搭接问题。所谓“条块结合”，是指学校综合性地开展纵向和横向的工作。因此，“块”实则是多校区办学以后，因新老校区空间分割而衍生的产物。在多校区的模式下，一些职能部门必须在新校区设有分支机构或是专门人员，才能满足和应对工作的需要。学生思想政治教育工作部门要在“条块结合”的工作模式下和做好顶层设计的基础上，落实好学生思想政治教育各项工作。

一、理清“条”和“块”的关系

（一）合理确定学生工作岗位和职责

在多校区办学模式下，学生工作部门在新校区大多设置分支机构。分支机构要负责在校区范围内学生工作的统筹与协调，比如，在新校区举办一项重要综合性会议，需要有会场安排、参加人员协调等事项，需要一个机构来牵头处理，还要负责校区学生的日常管理和教育、校区常驻辅导员的指导、校区学生突发事件的应对和处置等工作，其中有大量工作内容实质上是“条”的工作在新校区的延伸部分，因而统一委托或授权给分支机构来落实。同时，分支机构也需要视情况来独立开展一些校区范围内的学生工作或学生活动，并视情况以决定工作的先后处理顺序；而承担“条”职能的人员所涉及新校区的事务并非完全授权或委托，往往是部分委托，其余部分还需亲自承担。比如在新校区安排勤工助学工作，确定设岗岗位和上岗学生由分支机构在统一的框架内负责落实，但涉及勤工助学学生补贴发放等与财务部门沟通、交涉或其他一些类似的问题，还需承担“条”的职能的人员负责处理。事实上，即使是委托或授权了的部分，承担“条”的职能的人员也要根据具体情况和实际需求参与有关事项的处理或商讨。由此可见，在多校区办学模式下，学生工作部门的“条”和“块”，其职责难免存在交叉之处，总体来说，较单一校区模式而言，增加了相关部门的任务量。但是，部门人员编制在学生规模总量并未显著增长的情形下往往并不随之增加。因此，在总体人员有限，并且存在职责“交织”的条件下，清晰而合理地确定“条”和“块”的岗位及各自职责，做到“条”能到底，“块”能到边，相互促进，互不掣肘，提高效率，显得十分重要。

当然，“条”和“块”的关系同样存在于院系的学生工作之中。比如一名辅导员，既要负责自己所带学生的各项学生工作（“块”）的具体落实，同时，还可能承担一项或数项所在院系的学生工作（“条”）在不同校区的整体安排。因此，在院系内部，也需要结合学生在不同校区的分布情况，对学生工作人员的岗位和职责进行明确界定。从实际来看，无论是学校一级，还是院系一级，这种基于校区增加而导致的岗位和职责的重新确定具有一定挑战性，往往难以一步到位，需要在实践中不断磨合、调整和优化。

（二）把握好“条”和“块”的关系

“条块结合”是多校区办学的产物，也是应对多校区办学的举措，“条”和“块”具体按照什么样的方式结合呢？从管理的有效性、一致性、垂直性来说，多校区大学的学生工作一般均采用“以条为主，条块结合”的方式来运行。因为，就其实质来说，“块”的内容是“条”的职能在新校区的延伸，由于校区的分隔，相关部门职责作了统一委托或授权。当然，这种情形也有例外，比如新校区与老校区相隔过远，有的大学的新校区，尤其是一些独立学院所在的校区，与老校区不在一个城市，甚至不在一个省份，这种因距离增加而累积的“量变”就产生了“质变”的效果，其新校区的学生工作就不再是

“以条为主”，而是“以块为主”了。本书所研究的是扩展型多校区高校的情形，即老校区与新校区在同一个城市，但往返于校区之间的交通便利程度已然成为问题。在此情形下，多校区高校采用“以条为主，条块结合”的方式来运行学生工作就是比较符合实际的。

当新校区的学生容量与年级分布呈不同情况时，“条”和“块”所占的比重是不一样的。如果新校区仅是大一年级的学生，这往往也是许多新校区在刚投入使用时的情况，新校区学生工作中“块”的比重就较大了。因为大一年级是最为特殊的年级，学生处于高中阶段向大学阶段转变和适应时期，学生的自我管理、自我教育、自我服务意识和能力还不够强，需要开展大量的管理、教育、服务工作，包括学生日常养成教育，而这些工作具有及时性、有效性，需要现场管理和交流，或是面对面地开展深度辅导。为了促进养成教育，校区需要组织进行“深入课堂”及“走访宿舍”等工作；为了提升新生的适应性，校区需要组织开展相应的学生活动、讲座报告等。总而言之，在新校区只有一个年级的情况下，校区学生工作分支机构所承担的“块”的比重是比较大的，几乎可以达到“条”“块”并重，甚至在某些方面达到“以块为主”的程度。在此种情况下，“块”的“独立性”及“自主性”较强，校区学生工作分支机构要视学生和校区的具体实际情况独立自主地开展工作。

如果新校区的学生规模扩大，年级分布增多，比如学校的大一大二两个年级学生均留在新校区，则新校区在学校整体布局中的位置自然进一步加重，学生工作部门的工作重心也会由之向新校区倾斜，部门内除常驻新校区人员可能增加外，将有更多的人员经常性地处于“两边跑”的状态。相应地，新校区的学生工作分支机构所承担的“块”的职能在新校区学生工作这一整体之中所占的比重将会弱化。随着校区进一步发展，如果学校的大一至大三三个年级学生均留在新校区，则学生工作部门将以新校区为工作之重心，其分支机构所承担的“块”的职能也就更为减弱。条块结合，是指综合性地开展纵向和横向的工作，相关结合程度需要综合考虑人、财、物、环境等因素进行动态调整，相关关系见图 4－1。

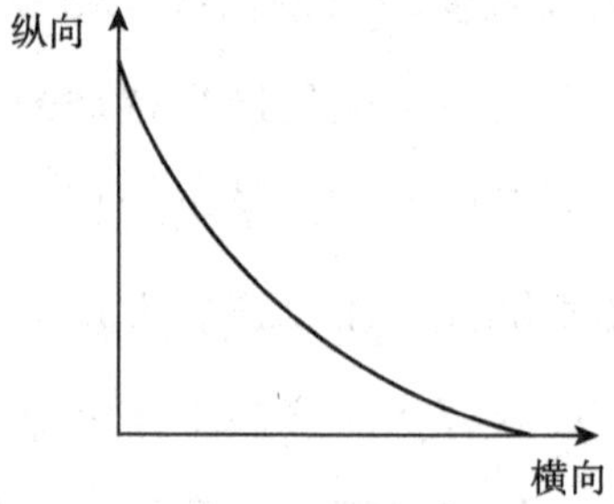

图 4－1　校区管理条块结合程度动态变化示意图

对于不同的高校，即使学生在新老校区的年级分布是一致的，这条反向曲线的斜率也会不同，即“块”的比重到底占多大、“条”和“块”具体如何结合，也会有差异性。这和学校对不同校区的发展定位、学生的整体层次、校区之间的交通便利程度、不同校区的综合管理模式、学生工作的传统与特点等诸多因素有关，甚至与具体承担学生工作“条”和“块”职能人员的能力、特点等方面有关。诸如，学生整体层次比较高，学习的自主性、积极性和综合素质比较强，就不用对学生“管”太多，而重在引导，那么在同等情况下，“块”的职能就可以有所弱化；再如，新老校区可能采用不同的后勤管理服务模式，在新校区开展学生工作、举办学生活动与后勤保障方面的联系、协调及相关流程、方式均不同于老校区，那么在同等情况下，“块”的职能就应有所增强。

正因为“条”和“块”的结合方式既不是千篇一律的，也不是一成不变的，因此要对“条”和“块”的具体运行加以经常性的关注和审视。首先，需要明确学生工作的不同岗位与职责，使之清晰而合理；其次，要加强“条”和“块”之间的沟通，对实际运行中出现的或可能出现的问题进行商讨，及时交换意见，在运行中不断调整，在磨合中不断优化，使得工作全覆盖，信息均对称，运转能顺畅。比如，承担辅导员队伍建设“条”的职能的人员，要大力推动辅导员的培训、进修等事宜，其工作和服务对象自然是包含新校区辅导员在内的。而新校区学生工作分支机构也会基于工作需要对校区辅导员的有关工作进行统筹、协调、安排。这就容易出现交叉和“矛盾”之处。诸如这样的情况——从“条”来说，计划选派某名辅导员在某时间段外出参加一项培训，而从“块”来说，需要该名辅导员在该时间段承担或参加校区层面组织的学生工作，而“条”和“块”可能都不知道对方已经计划或是已经作出了这样的安排。其实解决之道很简单，就是加强“条”和“块”之间的沟通，比如定期召开“联席会议”通报工作情况和工作计划，或是在一些易于交叉、重叠、混淆的领域，注意提前告知和充分征求意见。其中，尤其要注意“条”对“块”的沟通，因为“块”的执行色彩更浓，其工作主要局限于校区范围之内，在校区内“深耕细作”，信息的流转也主要是在校区之内和学生工作系统之中；“条”则更具开放性，需要与学校的相关部门，与校外上级单位、兄弟高校广泛联系，其信息来源渠道是多元的、丰富的，而且来源于上级单位的信息还大多是指令性或指导性的。因此，要让“块”的工作更加顺畅有序高效，“条”尤其应注意将相关的信息，包括计划、安排、要求等，及时充分地与“块”进行沟通。不管怎样，在“条块结合”的学生工作模式下，“块”应自觉接受学生工作部门的统一领导，在学生工作部门的统一部署下，结合实际情况开展工作。同时，“块”作为所在校区各项工作的一部分，应自觉接受校区管理机构的指导与协调，积极参与校区的有关工作，主动汇报工作进展情况，积极争取校区的支持与各种资源，并大力加强与常驻校区的其他工作（如教务工作、保卫工作、后勤工作等）分支机构的合作与沟通，努力形成学生教育合力，为学生提供更为及时和优质的服务。以北京建筑大学为例，在新校区于2013年争创校区全部学生公寓为“标准化学生公寓”、2014年大力改进清真食堂建设，使之更好满足校区少数民族学生需求等工作中，校区学生工作分支机构均在校区管理机构的统一安排下，主动开展工作，积极作为，从学生动员、资料准备、自查自纠，以及需求调研、谈话辅导、沟通协调等方面展开细致深入的工作，取得良好效果，从而既使学生工作有进步，学生切实有收获，也促进了校区管理与服务能力和水平再上新台阶。

对于不同校区按照院系分布学生的多校区高校（即一部分院系在一个校区，一部分院系在另一个校区），学生工作的“条块结合”另有不同。如果不同校区的院系分布、学生规模分布大致相当，则学生工作仍是按照“以条为主，条块结合”的模式运行；但若不同校区的院系分布、学生规模分布差别较大，则很有可能在学生分布较少的校区就实行“以块为主”了，而这个“块”是以学校学生工作统一指导下的院系学生工作为主体开展工作。

二、把握好制度的一致性和差异性

学校的学生工作制度在全校范围内适用和有效，这是制度“一致性”的体现和要求。但是，不同的校区毕竟有差异性，不同的学生群体决定了不同的学生特点、发展需求和基于此的管理方式，在校区的其他诸多方面也存在许多不一样的条件或环境。因此，不同校区对学生工作制度还有“差异性”的内在要求。比如，老校区以高年级学生为主，新校区以低年级学生为主，则老校区的学生工作重在引导和服务，诸如考研辅导服务、就业引导服务等，而新校区的学生工作重在管理和教育，有时基于现实因素的考量，其管理的力度还会比较大，管理的措施还会比较严格；再如，新校区地理位置比较偏僻，潜在不安全因素比较多，而常驻教师比较少，低年级学生应对突发事件的能力也相对不足，因此新校区有必要安排学生工作24小时值班，以更好地保证学生突发事件的处置，更好地维护校区安全稳定。

基于这种对学生工作制度“差异性”的需求，应允许和鼓励不同校区根据实际情况，在统一的制度框架内制定和实施在本校区内适用的有差异的具体制度，对于影响比较大的制度或举措，可在一定范围或一定时限试行，待时间成熟，再在全校区范围正式推行。当然，对于在一个校区内已运行成熟的制度，也可以视情况视需要提升为全校性的制度。这也意味着，制定全校性的学生工作制度要考虑到不同校区的差异性，为不同校区的具体操作和运转留有适当的空间和灵活度，不宜过紧和过于刚性，否则不利于不同校区学生工作积极性、自主性、灵活性、创造性的发挥。

第五节　注重多校区办学模式下大学生思想政治教育工作的创新

北京建筑大学针对多校区办学模式下大学生思想政治教育工作存在的主要问题，结合学校总体定位和布局，在加强顶层设计的基础上，采取有针对性的措施加强和改进大学生思想政治教育工作。

（一）建立与完善师生广泛交流的机制

学校构建“爱生”工作体系，将“大爱”融入人才培养全过程，建立与完善师生广泛交流的常态化机制。一是促进不同校区学生的交流。建立稳定的校区间常态交流机制，通过高年级学生党员与低年级班级结对子、学生党支部与低年级团支部结对子等方式推动朋辈辅导工作的开展。二是促进专业教师与新校区学生的交流。以学业指导中心为依托，充实学业指导专家队伍，规范学业指导中心的运行，让专业教师有更多时间、渠道与学生接触、沟通，增进师生的了解、互动。三是加强辅导员队伍建设。推进不同校区之间辅导员的交流、研讨，帮助辅导员互通信息，共同提高，全面了解不同校区学生的整体情况，并促进辅导员在校区之间合理流动。四是加强班级导师队伍建设。以专业教师为主体的班级导师在大学生思想政治教育工作中具有特殊优势，我校通过明确班级导师听课、进宿舍、参加学生活动等，完善班级导师的培训、激励和考核制度，构建班级导师工作量化考核体系，促进班级导师在大学生思想政治教育工作中的作用发挥。五是学校在新校区逐步安排教师宿舍、硕博公寓，保障更多的教职员工能够生活在新校区，为更加广泛、深入、全天候的师生交流和更好地满足学生成长需求奠定基础。

（二）不断改善思想政治教育工作的文化环境

一是加强与新校区周边居民社区、企事业单位的联系，拓展学生的实习实践渠道和教育资源，积极构建良好的校园周边文化生态。二是大力推进新校区校园文化建设。在“硬件”普遍提升的基础上着力打造“软件”，广泛营造新校区校园文化氛围，开展各类学术讲座、文体活动、科技竞赛，鼓励学生组建社团，丰富学生校园生活，提升新校区校园文化的层次与水平。充分利用和借助老校区校园文化的资源，开展校园文化思想讨论，既注重对老校区校园文化积淀的传承与衔接，又注意防止老校区校园文化“老化”的趋向，同时充分发挥校园文化对大学生思想政治教育工作的作用，强化文化育人的功能。

（三）完善大学生思想政治教育工作的衔接配套措施

新校区一般以低年级学生为主，在思想政治教育工作中要突出养成教育，引导学生树立良好的学习、生活习惯，增强自我管理、自我控制、自我教育的能力，加强基础课程的学习，夯实基本功；老校区以高年级学生为主，在思想政治教育工作中应突出全面发展的观念，引导学生规划职业生涯，不断拓宽知识面，提升专业技能、实践能力和综合素质。因此，我校对不同校区的学生思想政治教育工作进行整合，注意衔接配套，在保证完整性、统一性的基础上兼顾各个校区的学生特点和校区实际。如在低年级学生中统一开展早读、晚自习活动，促进学生养成良好学习习惯和时间观念；对高年级学生，广泛引导其参加科技竞赛、学术活动，鼓励专业教师引导优秀本科生加入科研团队或参与研究项目。在大学生思想政治教育工作中，还注意完善新校区学生管理应急机制，如建立学生工作值班制度、驻楼辅导员制度等，为学生管理服务与校园安全稳定提供坚实保障。

（四）探索大学生思想政治教育工作的“最佳”结合点

在多校区办学模式下，为有效发挥大学生思想政治教育工作的作用，学校一是明确学生工作管理部门的统筹管理职能，避免职能交叉或不清。二是建立畅通的大学生思想教育工作管理信息系统。加强思想政治教育工作信息化、网络化建设，构建快速、畅通、统一的信息发布、传递、反馈渠道，打破思想政治教育工作在不同校区开展所存在的时间和空间的限制，使教育资源得到充分共享和高效利用，实现学生思想政治教育网络化管理。三是理顺“条”“块”结合的思想教育管理模式。综合考虑学校长远发展、办学目标、学生规模、年级分布、校区实际等因素，考虑不同工作内容、不同形式、不同程度的“条”“块”结合模式对思想政治教育工作的影响，创建特色鲜明、运行流畅、长效持续的管理机制，建立与之对应的“层次简洁”“高效有序”的组织结构，理顺学校职能部门、分校区管理机构、学院之间的关系，明确各自职责，因“实”制宜地采用相应的“条”“块”结合的教育管理模式，探索与寻求思想政治教育工作的“最佳”结合点。

（五）积极实践新形势下大学生思想政治教育工作新模式

学校不断探索与积极实践多校区办学模式下的大学生思想政治教育新模式。在新建校区中，学生公寓实行社区化管理机制，校园里以学生公寓为中心，包括食堂、文化体育活动中心、配套商业服务设施、休闲场所等特定区域，构成了“学生社区”。积极推进大学生思想政治教育，尤其是学生党建进公寓工作，不断发展和完善党支部活动“进学生公寓、进学生社区”模式，开展党员宿舍挂牌活动，开设学生公寓党员活动室，开展公寓阵地党建知识宣传活动，推优入党时考察学生在公寓内的表现，开展党员宿舍结对帮扶后进宿舍的活动。[9]

第五章　多校区办学模式下的思想政治教育工作机制研究

习近平总书记在全国高校思想政治工作会议上的重要讲话中指出，思想政治工作从根本上说是做人的工作，必须围绕学生，关照学生，服务学生，不断提高学生思想水平、政治觉悟、道德品质、文化素养，让学生成为德才兼备、全面发展的人才。[1]如何在多校区模式下科学、有效、笃实地开展大学生思想政治教育工作，深入探究创新工作机制至关重要。

第一节　多校区办学模式的产生与发展

自20世纪90年代以来我国高等教育事业步入了快速发展期。高等教育从精英教育向大众化教育转变，这种转变决定了原有的办学规模和办学条件难以适应和满足发展需要，进而在政策的指导下和高校自身发展的双重因素下出现了高校合并、重组和扩大办学规模的热潮。随着高等教育大众化的发展和深化，多校区办学模式在未来仍将会成为我国高等学校建设和发展的主要形式。

多校区办学模式打破了过去单一校区的办学格局和培养模式，为我国高等教育的发展注入了新的活力。校区地域布局分散，学生人数增多，使高校学生的学习、生活、成长方式发生了很大的变化，从而使传统的单一校区模式下大学生思想政治教育受到了一定程度的影响。多校区办学模式下如何加强和改进大学生思想政治教育已成为一项紧迫而重要的任务，亟待转变办学方式，提升管理能力，创新工作机制。目前，多校区办学模式主要分为按学院（专业）划分校区和按年级划分校区两种。前一种模式多为合并重组型大学采用，对此种模式的研究相对较多；后一种模式多为规模扩张型大学采用，对此种模式的研究则相对不足。以北京建筑大学为例（从2011年起正式启用新校区），重点聚焦按年级划分校区的模式，对大学生思想政治教育工作面临的问题进行分析，采取的举措进行介绍，进而尝试总结凝练出多校区办学模式下的思想政治教育工作机制。

第二节　多校区办学模式下大学生思想政治教育工作面临的问题

一、思想政治教育工作的运行管理面临考验

多校区办学高校存在“条”和“块”的管理模式如何科学整合的问题。所谓“条”是指高校对校区的垂直管理，是有关职能部门向校区实施的“自上而下”的管理；所谓“块”是指校区内部的管理机构实施的本区化管理。在多校区办学模式下的管理格局决定了大学生思想政治教育工作必须与之相契合。由此，多校区办学模式下的思想政治教育工作如何开展，是“条块结合，以条为主，还是以块为主”，以及在何种程度上把握并实现重点突出，将直接影响思想政治教育是否高效、有序和落到实处。

二、基于思想政治教育工作运行的文化环境有待改善

在多校区办学模式下，思想政治教育工作环境的变化主要体现在文化环境上。新建校区缺乏老校区的校园氛围、历史内涵和文化底蕴，对老校区校园文化积淀的传承需要一个较长的过程，且周边地区文化生态相对薄弱。而老校区一般以高年级学生为主，在校园文化氛围上有朝气和活力下降的趋势。

三、多校区思想政治教育工作开展的共性和个性关系需要平衡

由于不同校区学生群体不同，思想政治教育的目的除了整体性要求以外，应体现不同校区的重点、特点，不可一概而论。在多校区办学模式下，思想政治教育工作的开展如何加强顶层设计，满足提高整体工作针对性和实效性的要求，也要充分考虑各校区实际，符合不同群体学生的具体需求，体现不同校区的特性，需要加强深入研究和创新实践。

四、空间位移下导致的沟通、交流不畅

全员育人是思想政治教育的基本要求，而这是以广泛交流、充分互动为基础的。在新老校区同时办学的模式下，由于新校区往往距离中心城区较远，交通不够便利，往返的时间成本导致教师与学生的接触变少，沟通不畅。同时，新校区一般以低年级学生为主，他们缺乏高年级学生的指导与帮助，成长中的困惑难以得到及时的疏解。

第三节　多校区办学模式下开展思想政治教育工作的举措

对于多校区办学模式下大学生思想政治教育工作面临的主要问

题，应采取针对性的措施，并对这些措施进行整合，形成加强和改进多校区办学模式下大学生思想政治教育工作的措施体系。

一、探索思想政治教育工作运行管理的优化组合点

基于多校区办学模式的管理特点，积极理顺垂直管理和本区化管理的关系，科学整合思想政治教育管理模式。综合考虑学校长远发展、办学目标、学生规模、年级分布、校区实际等因素，考虑不同形式、不同程度的“条”“块”结合模式对思想政治教育运行的影响。创建特色鲜明、运行流畅、长效持续的运行管理机制，建立与之对应的高效有序的组织结构，理顺学校职能部门、分校区管理机构、学院之间的关系，明确各自职责，探索多校区办学模式下开展思想政治教育工作运行管理的优化组合点。

二、不断改善思想政治教育工作运行的文化环境

一是加强与新校区周边企事业单位和居民社区的联系，拓展学生的实习、实践渠道和开发校外教育资源，积极构建良好的校园周边文化生态；二是大力推进新校区校园文化建设。在“硬件”普遍提升的基础上着力打造“软件”，广泛营造新校区校园文化氛围，开展各类学术讲座、文体活动、科技竞赛，鼓励学生组建社团，丰富学生校园生活，提升新校区校园文化的层次与水平。充分利用和借助老校区校园文化的资源，开展校园文化的调研，注重对老校区校园文化积淀的传承，进而通过不断改善多校区办学模式下思想政治

教育工作运行的文化环境，更好地发挥校园文化作为学生思想教育隐性载体的作用，强化文化育人的功能。

三、完善新老校区思想政治教育工作的协调发展

新校区一般以低年级学生为主，在思想政治教育中突出养成教育，如在低年级学生中统一开展学风建设活动，引导学生树立良好的学习习惯，增强自我管理、自我控制、自我教育的能力；老校区以高年级学生为主，在思想政治教育中突出全面发展教育。引导学生参加科技竞赛、学术活动；鼓励专业教师吸纳优秀本科生加入科研团队或研究项目之中；指导学生规划职业生涯，不断拓宽知识面，提升专业技能、实践能力和综合素质。因此，对不同校区的学生思想政治教育工作应加强整合，注意衔接配套，在保证完整性、统一性的基础上兼顾各个校区的办学特色、学生教育特点和校区特质，实现协调、均衡发展。

四、完善师生沟通等多维交流互动机制

一是促进不同校区学生的交流。建立稳定的校区间常态交流机制，通过高年级学生党员与低年级班级结对子，学生党支部与低年级党支部、团支部结对子等方式更好地推动朋辈辅导工作的开展。二是促进专业教师与新校区学生的交流。以校院两级学业指导中心为依托，不断充实学业指导与服务的专家队伍，让专业教师有更多时间、渠道与学生接触、沟通，增进师生的了解、互动。三是加强

辅导员队伍建设。推进不同校区之间辅导员的交流、研讨与合理流动，帮助辅导员互通信息，共同提高，全面了解不同校区学生的整体情况。四是加强班主任队伍建设。完善班主任的培训、激励和考核制度，构建班主任工作量化考核体系，促进班主任在学生思想政治教育工作中的作用发挥。五是学校在新校区逐步安排教师宿舍、硕博青年公寓，保障更多的教职员工能够生活在新校区，为更加广泛、深入、全天候的师生交流和更好地满足学生成长需求奠定坚实的条件保障。

第四节　构建多校区办学模式下的思想政治教育工作机制

习近平总书记在全国高校思想政治工作会议上的重要讲话中强调，高校要坚持把立德树人作为中心环节，把思想政治工作贯穿教育教学全过程，实现全程育人、全方位育人。要围绕学生，关照学生，服务学生。[1]“爱”是教育的本质，“爱生”理念根植于中国传统文化，发扬于近现代教育实践，是师德的基本价值追求，是当代教育改革的重要内容。在两校区办学模式下，北京建筑大学注重加强学生思想政治教育工作体制机制建设，创新提出全面构建“爱生”工作体系，将“大爱”融入人才培养全过程，加强“三全育人”工作，积极营造“爱生尊师、重教乐学”的氛围，体现了以人为本、育人为本的理念，体现了“爱”的主动性、包容性和交融性，是做好学生思想政治教育工作的基础和支柱，是落实立德树人根本任务的需要，为学生成长发展提供了有力的支持和服务保障。

一、创建“爱生”工作体系，深入推进三全育人工作落实

（1）在主动性方面，体现“挚爱”，突出一个“真”字，推进全员育人工作落实。学校建立了“齐抓共管”的组织体系，构建了爱生网络社区，搭建全员参与的师生“全天候”交流平台。还建立了1－3－5反馈机制：1天不答复学生诉求，诉求内容发送短信至部（处）领导；3天不答复，诉求内容发送短信至主管校领导；5天不答复，诉求内容通过短信发至校长。这些交流解决学生学习生活等方面的问题，促进学生对服务工作的满意度评价，增强育人工作的主动性。针对学生的成长发展需求提前研判、主动把握，为学生成长发展提供及时的支持和服务，以教风学风建设、育人榜样评选等活动为载体，不断强化以教书育人、管理育人、服务育人为核心的全员育人意识，全面加强师德师风建设。

（2）在包容性方面，体现“博爱”，突出一个“广”字，推进全过程育人工作发挥实效。学校坚持教育引导的整体性和系统性原则，在学生成长的不同时期，从学习、工作和生活等方面入手，采取有针对性的导航服务，落实全过程育人；强化学业与发展过程管理，依托学校学业指导和发展辅导中心，为各阶段学生成长提供帮助和支持，协同创新新生教育和毕业生指导服务模式，突出示范和引领作用；创新人才培养模式，以培养卓越工程师为目标的中国梦

建大梦引领工程、思想素质提升工程、优良学风建设工程、身心健康教育工程、优秀骨干培养工程、基层组织建设工程等“六大工程”为载体，形成全过程育人合力，逐步形成包容和激发学生创新型人格养成的大学精神文化，为学生成长发展提供广泛的引导和服务。

（3）在交融性方面，体现“深爱”，突出一个“深”字，推进全方位育人工作水平提升。学校从人才培养目标出发，把握学生成长规律，尊重和理解学生的个体特性、个体差异和不同的发展志趣，把教育建立在对学生深入了解和理解的基础上，通过开展“爱生沙龙”“名师恳谈会”“理论学习研习会”等贴合学生实际需求的师生交流活动，搭建教师与学生深入交流思想、启迪智慧、激励人生的“双提升”平台，强化深度辅导，与学生开展深入、持续的交流；分层分类做好重点学生群体的服务工作，积极开展学生资助、心理健康、少数民族学生发展、学生党建、学业发展等平台建设。

图 5－1　爱生工作体系模型图

二、注重顶层设计，统一思想，完善体制机制

（1）加强顶层设计，强化部署落实。学校建立由学校领导与学生相关各部门负责人组成的“爱生”工作体系联席会机制，负责统筹学校“爱生”工作的开展，强化“爱生”体制机制顶层设计，强化岗位育人要求。以学校人才培养工作大会、党建与思想政治教育工作大会等为契机，组织教职员工围绕“爱生”工作体系开展广泛深入讨论，统一思想，凝聚共识，明确“爱生”工作体系在每位教职员工岗位的落脚点和要求，将教学、科研、管理、服务等工作与育人要求紧密结合，在潜心教学、悉心科研、细心管理、热心服务中扎实落实育人工作，促进教书育人、科研育人、管理育人、服务育人，实现全员育人、岗位育人，形成育人合力，提升育人效果。

（2）实施教风师德建设工程，弘扬“爱生”精神。学校结合习近平总书记“四有”教师标准，在教师中弘扬“爱生”的精神理念，使教师树立正确的教育观念，引导广大教师做到厚德笃行、为人师表、言传身教。开展师德教育专题培训，举办师德论坛，建立师德监督的有效机制，严格考核管理，把师德表现作为评优奖励和年度考核、职务聘任、派出进修的重要依据，将师德建设与教师职业发展相结合，积极开展人事制度改革，为教师发展提供更多平台。

（3）结合教书育人、管理育人、服务育人，实施卓越管理行动计划。为了不断提升管理服务水平，学校积极推进各部门将“爱生”

工作的建设目标与本部门的工作职责和发展目标紧密结合，不断改进学生教育管理服务水平，丰富学生教育管理服务内涵，努力提高学生教育管理服务质量，积极优化业务工作流程。实行学生事务限时反馈制度，线上线下结合，限时答复，追踪解决。开展一站式、预约式等服务，创新载体，提高服务学生的质量和效率。

三、注重特色定位，强化整合和全过程引导，增强服务能力

（1）加强学生成长发展需求研判工作，增强服务学生成长发展的能力和水平。学校与第三方教育研究机构合作，定期开展调研并形成学生思想动态分析、学习状况分析报告，做好学生成长发展整体状况和需求研判。建立定期与学生面对面交流机制，充分听取不同类型学生的意见和建议，将学生成长发展需求作为开展和强化学生教育管理服务工作的重要基础。畅通学生意见传递渠道，设立“校领导接待日”“院长接待日”，常设“校长信箱”，完善校院领导联系学生制度；充分发挥学生组织和学生代表的作用，完善学生建议“提案式”协商解决机制。实行服务学生工作测评制度，组织开展服务学生工作满意度测评，并将测评纳入部门和部门领导考核，增强服务学生的能力和水平。

（2）针对学生不同时期、不同的发展需求，坚持学生服务体现个性化、动态化、精准化。学校实施学生个性化发展和综合能力拓展培育计划，推进导师负责制，完善学生分类指导机制，加强学生发展辅导和学业指导。紧密围绕学生思想政治教育和综合能力全面

拓展培育计划。通过核心价值观引领、综合能力拓展、职业发展教育、学生服务保障四大育人平台项目建设，积极做好出国、考研、创业、就业指导等项服务，满足学生多样化发展需要，为培养一流建筑行业骨干和领军人才提供有力的平台支撑。

四、注重创新载体，强化融合，全面打造服务平台

（1）加强服务平台建设，保障“爱生”工作体系落地生根。学校成立学生思想政治教育研究中心，加强学生思想特点形成、趋势分析和学生思想政治教育研究工作，促进思想政治教育协同开展，提升思想政治教育的针对性、专业性；成立学生学业指导与发展辅导中心，统筹开展学生学业指导与发展辅导工作，构建校院联动的学业指导与发展辅导工作体系，满足学生成长和个性化发展需要；成立学生创业指导中心，全面加强创业教育，培养学生创业精神和创业能力，对学生创业活动进行积极引导，提供有效服务和支持；大力加强社会实践基地建设，强调实践育人，增强学生动手能力；成立学生资助中心、学生社区服务中心、饮食服务中心，全面加强学生资助和生活服务工作，整合各类学生生活服务事项，为学生提供便利条件和保障；加强心理素质教育中心、艺术教育中心、就业指导中心等直接面向学生开展指导、提供一站式服务的平台建设，配齐配强人员，强化培训交流，促进工作创新，切实服务学生成长发展多元需求。

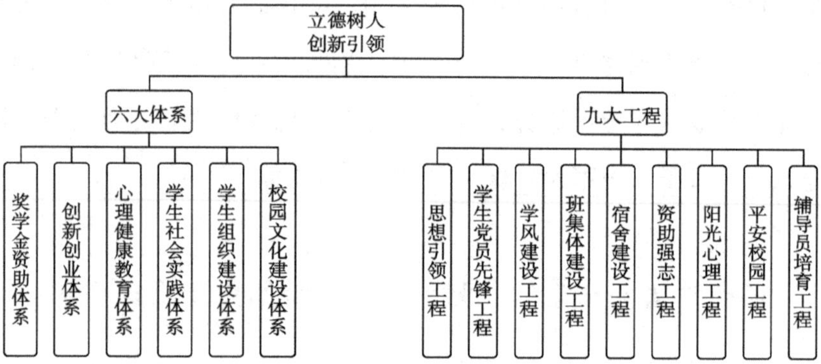

图 5－2　学生工作体系图

（2）加强校园文化建设，积极营造良好育人氛围。加强校园景观建设和文化设施建设，积极开展各种思想性、艺术性、趣味性相统一的思想政治、学术科技、艺术体育等校园文化活动，打造校级“两季六节”（迎新季、毕业季、科技节、心理健康节、宿舍文化节、艺术节、体育节、读书节）等品牌活动，推进校级、院级、班级等层次的学生教育特色活动建设，引导形成“一院一品牌、一班一特色”的格局，加强学校与家庭、校友的联系，建立家校委员会

图 5－3　校园文化主题教育活动体系图

和校友联盟等机制，实现学校教育与社会资源对接，形成合力促进学生成长成才。

五、注重网络教育、社区化育人，加强“网上北建大”建设

学校以“爱生”体系构建为目标，线上线下结合，积极打造“网上北建大”，建设精神家园。创新社区管理模式，开辟“思政新鲜事”“网络课堂”等空间，畅通网络社区师生沟通渠道，为每个单位、每位教师和学生设置主页，通过主页功能实现社区互联，畅通学生和教师、各单位沟通渠道，实现全天候、零距离沟通交流，为学生提供最及时、最快捷的教育指导服务。建立网络社区服务诉求反馈机制，学生诉求可直接传递给相关部门，引导各相关责任单位及时、有效解决学生诉求；增设学生服务满意测评机制，通过学生自主方式推进诉求解决。

学校“爱生”工作体系，着眼于爱的主动性、包容性和交融性三个特征，从温度、广度、深度三个维度，将“爱生”的教育理念落细、落小、落实，对实现学校“提质、转型、升级”，建设高水平有特色的建筑大学具有持续而重要的推动作用。

参考文献

[1] 习近平. 全国高校思想政治工作会议的讲话 [N]. 人民日报, 2016-12-09 (1).

[2] 周志成. 多校区大学的德育模式创新 [J]. 中国高等教育, 2011 (Z3): 37-38.

[3] 谢志芳. 多校区高校学生思想政治教育的理性思考 [J]. 思想政治教育研究, 2006 (06): 53-55.

[4] 罗锐, 杨志强. 多校区大学心理危机预防与干预工作体系的构建——基于中国劳动关系学院的探索 [J]. 北京教育 (德育), 2013 (01): 56-58.

[5] 谭秋浩. 新时期高校多校区校园文化构建的研究——基于高校跨区域多校区办学模式的视角 [J]. 高教探索, 2013 (04): 40-42.

[6] 周起帆, 谭亚男. 校园文化的资源整合与优化——基于多校区校园文化建

设视角［J］．广西教育学院学报，2016（03）：200－202＋220.

［7］马丽，格日乐图．民族地区高校多校区校园文化建设之于思想政治教育工作的优势互补［J］．内蒙古师范大学学报（教育科学版），2013，26（07）：67－70.

［8］任钢建．优化多校区高校校园安全管理机制研究——以贵州A大学为例［J］．教育文化论坛，2013，5（03）：29－34.

［9］黄尚荣，裴晨．多校区办学模式下大学生思想政治教育工作的困境与措施［J］．北京教育（德育），2016（04）：27－28.

［10］黄尚荣，秦立富．构建“爱生”工作体系 推进三全育人目标落实［J］．北京教育（德育），2016（02）：50－52.

［11］张健，刘坤．多校区管理模式研究——以西安建筑科技大学为例［J］．西安建筑科技大学学报（社会科学版），2014，33（06）：91－95.